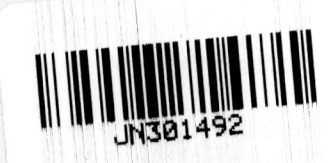

人生が劇的に変わる
実践香港風水

フライング・スターー風水術

Flying star feng shui

福田英嗣

明窓出版

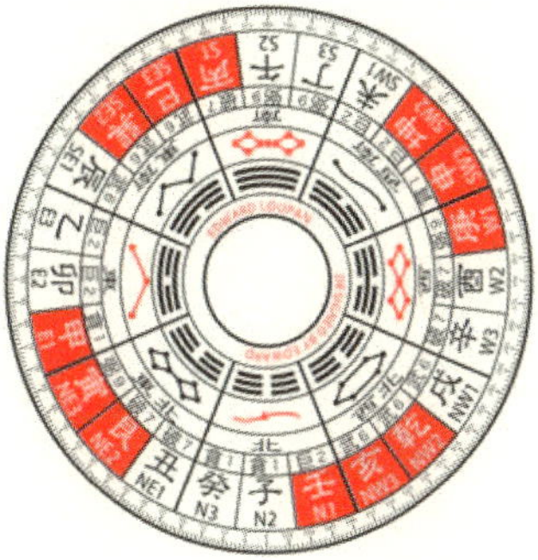

目　次

第一章　伝統風水

第二章　巒頭《らんとう》（山水形勢《さんすいけいせい》）

第三章　理気《りき》（玄空飛星派《げんくうひせいは》）

第四章　飛星《ひせい》チャート作成法

第五章　飛星《ひせい》チャート格局

第六章　風水予測と時間の影響

第七章　風水鑑定マニュアル

第八章“恋愛・結婚・別れ”の風水

第十二章　外装と内装の風水改善法

第十三章　秘伝の風水テクニック

第一章　伝統風水

1　本場の“風水”と“日本式風水”

今日の日本では「風水で金運アップ！」、「旅行風水で恋愛運アップ！」、「風水で開運！」etc.“風水”は、何でも叶う魔法のように語られることが多いようです。本、雑誌、TVなどを見ると、インテリア、洋服、アクセサリー、名刺、名前、旅行など、身の周りのありとあらゆる物が“風水”の対象になっており、“開運ビジネス”ばかりがクローズアップされています。

しかし、これらが本当の風水でしょうか？　中国で生まれた風水そのものなのでしょうか？　こうした開運ビジネスを客観的に眺めれば気づくはずです。風水の古典理論や根拠がまったく活かされていない娯楽系のビジネスでしかないと。日本で語られる風水は、中国で生まれた風水とは別物の、言わば“日本式風水”とでも呼ぶべきエンターテイメントに成り果てています。中国生まれの本物の“伝統風水”が日本のメディアで語られる機会は、残念ながらほとんどありません。

ところが、風水の本場といわれる香港・台湾では、日本とはまったく異なる風水事情が存在します。日本のエンターテイメント系風水とはまるで違い、研究者たちは、風水をあたかも自然科学のように追及しています。そして伝統的な風水術が市民レベルでも脈々と生きているのです。例えば、私が香港の風水老師から伝授された伝統的な香港風水を“玄空飛星派風水《げんくうひせいはふうすい》”（フライング・スター風水）と言います。玄空飛星派は、多くのプロ風水師が使用する技術体系の一つです。香港風水といえば、「玄空飛星派風水」と言われるくらいに、香港ではこの風水術を重要視し、玄空飛星派で装飾・デザインされたホテルや銀行など、有名建造物が数多く存在しています。

玄空飛星派の主な特徴として、「時間の経過に伴う、目には見えない抽象的な方位エネルギーの変化を読む」ことが挙げられます。その変化は建物を人間に見立てた、建物の誕生日（竣工年月）と建物の向き（坐向《ざこう》）から計算されます。人間一人ひとりに運命があるように、建物にも個別の運命があるとする考え方です。本来、この考え方を基に環境を分析する技術が玄空飛星派風水《げんくうひせいはふうすい》です。自然科学的アプローチを採用する本場の玄空飛星派風水《げんくうひせいはふうすい》と、無理論のエンターテイメントな日本式風水とでは、それぞれの意義・内容に天地ほどの差があるのです。

2 “風水”って何だろう？

「風水」という言葉が発見されたのは、しばしば郭璞《かくはく》（276〜324）の「葬経《そうきょう》」に記述されたのが最初と伝えられています。もちろん、葬経以外の古代中国書にも「風水」について記述されている可能性は否定できません。しかし、この葬経では環境が私たち人間に与える、目に見えない抽象的なエネルギーの影響力について述べており、「風が水というエネルギーを動かす」ことについて書かれていることに特徴があります。

“風水”は「風」と「水」が織り成す世界観を説明した言葉です。風が吹かれることで水面に波紋が与えられ、水は腐ることなく万物が生々流転するという、人類進化の過程そのものを言い表した思想です。実は、葬経に書かれたエネルギーの具体的意味は21世紀の現在も明らかにされておらず、自然科学の学問で説明できるエネルギーではありません。このエネルギーは古代中国人の数千年の観察を経た結果、経験的に得られた“抽象的エネルギー理論”であり、科学的に証明されたエネルギーではないのです。

しかし、環境の中には目には見えない、言わばサブリミナルのように影響を与え続ける目に見えない力が存在して、私たち人間に確実に何らかの作用を及ぼしていることは、誰もが実感していることではないでしょうか。私たちは常に環境からの影響を受け、物事に対する認識が変化し、人格や性情、行動や習慣が変わり、最終的に人生までも変わっていきます。

このように、私たちの人生に絶えず影響してくる目に見えないエネルギーこそ“風水”の本質と考えられています。

風水の歴史は古く、中国で生まれてから約5000年がたつと言われています。もともとは中国皇帝の国家統治のため、そして、子孫繁栄するようなお墓の位置を決定するために風水は利用されていました。しかし、風水師・楊《よう》筠《いん》松《しょう》（834～900）が唐の玄宗皇帝秘蔵の風水の秘伝である「海角経《かいかくきょう》」を持ち逃げしたことで、一般庶民に風水が流出し、普及したという経緯があります。

今や風水は国家統治の目的だけではなく、誰もが一族の繁栄を願い、風水で自宅を武装する時代に突入しています。日本では100年に１度といわれる不況の中でも莫大な資産を持つ富裕層に、秘かに風水師を雇い、自宅を改装している人が少なくないようです。環境から受ける影響を真に理解している人は、風水を実践していることが多いものです。

風水は日本のみならず、世界のどの地域でも適用できる技法です。近年、風水が人間の運命に大きな影響力を持つことが理解され始めたこともあり、本場、香港・台湾のみならず、東南アジアや欧米諸国で風水を実践する人が、爆発的に増えています。ハリウッドスターや有名コーヒーチェーン店なども風水師を顧問として迎え入れ、一家の健康や子孫繁栄、商売繁盛を願い、ライフスタイルやビジネススタイルに風水を取り入れているのです。

3　中国伝統五術《ちゅうごくでんとうごじゅつ》の風水

風水は「五術《ごじゅつ》」という中国伝統文化の中に帰属しています。本来、五術は伝統世界でも秘匿性の高いスキルであり、部外者が知ることは難しい学問でした。しかし、近年のインターネットの普及により、本場の風水情報も容易に収集できるようになったこと、そして、秘伝とされた技術体系をオープンに教示する風水老師たちが現れたことにより、今までの日本では知ることができなかった本場の風水技術も深いレベルまで知ることが可能となりました。

五術とは「命《めい》・卜《ぼく》・相《そう》・医《い》・山《さん》」の５つの分野から成っています。

命・・・八字《はちじ》（四柱推命）や紫微斗数《しびとすう》などの運命を予測する術
卜・・・断易《だんえき》や奇門遁甲《きもんとんこう》など近未来を予測する術
相・・・人相・手相・風水など形から予測する術
医・・・中国医学・漢方
山・・・仙道・密教

風水は五術の「相《そう》」の分野に帰属する技術です。風水には、数多くの流派がありますが、その代表的な一つが「巒頭《らんとう》」という、形を見ることで風水を評価する流派です。この流派は巒頭派《らんとうは》、または形勢派《けいせいは》と呼ばれます。また、他にも「理気《りき》」と呼ばれる、時間のサイクルと方位のエネルギーの関係を読む流派があります。理気では時間と方位に焦点を当てて近未来を予測することから、「卜《ぼく》」としての機能もあると考えられています。

4　風水は大地の気を活用する術

風水では風水原理により建物をデザインすることに加え、「陰宅《いんたく》」と呼ばれるお墓に重点を置いていることを忘れてはなりません。日本では、お墓の運を読む技術を「墓相《ぼそう》」とし、お墓だけに焦点が当てられます。しかし、風水の本場では、土地の形勢から大地のエネルギーの集中する位置を探し出す技術が「陰宅風水《いんたくふうすい》」として用いられています。風水的に吉地とされる位置にお墓（陰宅）を造って祖先を埋葬することで、その子孫や一族が繁栄すると信じられています。

今日でも、台湾や香港では風水師を雇い、風水的に吉とされる位置に祖先を埋葬している大富豪は多数存在するようです。「台湾の松下幸之助」と評される故・王永慶《ワンヨンチン》氏は、2007年にはフォーブスの世界長者番付で第82位に入っていますが、死後、遺骨が風水師によって選ばれた墓に埋葬されたというニュースが報じられています。この埋葬場所とは、風水ではしばしば「龍穴《りゅうけつ》」と呼ばれる場所です。龍穴は大地のエネルギーが極度に集中する吉地であり、子孫に非常に大きな利益をもたらす場所とされています。

風水的に調和の取れた美しい自然の中に家やお墓を建造し、明るく清潔な空間に活動、または埋葬する人は、そのエネルギー磁場のポジティブな影響を受けます。ポジティブな影響を受けることで、人生はどんどん良い方向へと変わっていきます。ですから、さまざまな風水の技法で、周辺環境、室内のインテリアや家具の配置などから受ける影響を分析し、建物自体に装飾・デザインを加えて改善していくことは、自然界からのポジティブな気を最大限に受け取り、ネガティブな影響を最小限に抑えることになるのです。

しばしば巷で言われる「金運アップ」、「健康運アップ」、「恋愛運アップ」などは、大地のポジティブなエネルギーを活用した結果であり、正しい風水術で処方すれば、当然起こり得る現象です。逆に、ネガティブなエネルギーを抑えることで、健康や経済が改善されることもあるのです。

5　巒頭《らんとう》と理気《りき》

風水における環境評価は、大きく二つのカテゴリーに分けて論じられます。一つ目は、環境の物理的側面で、可視的なオブジェについて言及する風水です。これには、山、川、建物、道、インテリアデザイン、そして家のレイアウト、マイナーな装飾まで含まれており、風水では「巒頭《らんとう》」と言います。二つ目は、ミステリアスで抽象的な方位によるエネルギーの影響で、目で視ることができず、しかし、その場所の時空に従って人間に影響を与えるものです。これを風水では「理気《りき》」と言います。

風水の影響を考察するときには、巒頭《らんとう》と理気《りき》の二つの側面から、環境の考察を進めるのが原則です。例えば、北京の紫禁城《しきんじょう》に顕著なように、中国の伝統的な建築では、赤い色が頻繁《ひんぱん》に使われています。赤い三角屋根や屋根の先、玄関や壁などは、風水では「火」の要素を持つと考えられ、火事や爆発などの火を象徴する出来事を想起させます。

しかし、火の要素を持つ建造物であっても、常に火事や爆発が起きるわけではありません。例えば、香港の中国銀行は鋭利な刃物の形をした「火」を象徴する建物ですが、この巒頭《らんとう》が原因で中国銀行で火事や爆発が起きてはいません。火事や爆発が起こるか起こらないかの時間は「理気《りき》」に基づきます。目に見えない抽象的な方位の特定のエネルギーが、その方位に巡ってきたときに火事や爆発は起こると予測します。

すなわち、風水を評価する時には「巒頭《らんとう》」と「理気《りき》」の二側面から、以下の公式で見る必要があります。

「巒頭○」＋「理気○」＝大吉
「巒頭○」＋「理気×」＝吉凶半々
「巒頭×」＋「理気○」＝吉凶半々
「巒頭×」＋「理気×」＝大凶

この公式は、風水を評価するときのおよその目安として考慮しなければなりません。というのも、風水師によって「巒頭」と「理気」を重視する割合はそれぞれ違うからです。巒頭が良くて理気が悪い場合に、非常に悪い現象が起きることはありますし、巒頭が悪くて理気が良い場合にも、非常に良い出来事が起こることはあります。風水的な原因ではなく、住人の生まれ持った運命・素質・経験（努力）が原因となる場合もありますので、巒頭と理気については柔軟に考えることを忘れてはなりません。

6　玄空飛星派風水《げんくうひせいはふうすい》をマスター

中国発祥の伝統風水では、建物を分析する理論が明確に存在します。伝統風水には日本式風水のように、風水に掃除や財布などを含まず、合理的な計算により的確な答えを導き出すプロセスがあるのです。風水を判断するプロセスはシンプルであり、究極的に「山」と「水」の世界観を論じていると言っても過言ではありません。常に「山」は動かず、常に「水」は動きます。固定された動きの無い物体を「山」とし、それ以外の動きのある空間を「水」として、視界に入る世界を二分する試みが、香港風水（玄空飛星派《げんくうひせいは》）には存在し、風水判断の中核となっています。

本書では、玄空飛星派《げんくうひせいは》風水のバイブルである『沈氏玄空学《しんしげんくうがく》』を軸に、『紫白訣《しはくけつ》』や『玄機賦《げんきふ》』などの古典の風水テキストから、玄空飛星派の実践に不可欠で重要な概念、そして数々のテクニックをステップバイステップで説明します。また、私が体験した鑑定ケースと、学習を積み重ねた講義ノートを公開することで、飛躍的に理解が進むように編集しています。

一つ一つ順を追って理解すれば、誰でも現代の風水師が使用する玄空飛星派《げんくうひせいは》風水の技術をマスターすることができます。そして、風水が真に優秀な未来予測術であることが理解できるでしょう。

風水の世界には深遠な世界観が広がっており、学習テーマは無尽蔵です。しかし、自宅の風水を鑑定して評価をするのに、それほど高いレベルは要求されません。玄空飛星派風水は、ある一定の知識さえ習得してしまえば、比較的簡単にマスターできる風水技術です。学習して実践練習を積むことで、プロレベルの風水判断までできるようになるでしょう。

本書の数々のテクニックをマスターし、古代中国人の深い智慧を味わって欲しいと思います。玄空飛星派風水は人生を劇的に変えてくれるパワーを秘めていると私は信じています。この正統派の玄空飛星派風水を利用して、家族や友人を助けてあげてください。皆様や周りの方々の今後の人生が、より良い方向へ向かうことを願っています。

第二章　巒頭《らんとう》（山水形勢《さんすいけいせい》）

1　伝統風水の巒頭派《らんとうは》

伝統風水における「巒頭派《らんとうは》」の技術は、「龍《りゅう》・穴《けつ》・砂《さ》・水《すい》・明堂《めいどう》・案山《あんざん》」を総合判断して吉凶を判断するもので、山や川（水）の形勢を分析する風水であることから「山水形勢《さんすいけいせい》」とも呼ばれます。伝統風水の古典である『玉髄心経《ぎょくずいしんぎょう》』や『地《ち》理《り》天機會元《てんきかいげん》』には無数の巒頭図版が記載されています。

例えば「龍」とは山の連なりのことですが、どのような山の形が連続するかによって、穴（位置）に宿るエネルギーの性質が異なってきます。すなわち、どのような山の近くに住まいを持つかにより、その土地に起こる現象が変化してくるということです。これを「龍法《りゅうほう》」と言い、古典には数多くの「龍」の解釈方法が書かれています。ここでいう「龍」は神秘的な動物でも、想像上の生き物でもないのです。龍とは山のことなのです。

巒頭の技術は、祖先を埋葬するための陰宅《いんたく》（お墓）に用いる技術から発展したものです。陰宅は、吉地にお墓を造って祖先を埋葬することで、子孫に非常に大きな利益がもたらされるという思想に基づきます。しかし、陰宅で用いる巒頭の技術はそのまま陽宅《ようたく》（生きている人間の住まい）にも当てはめることができます。なぜなら、風水は陰宅の技術からじょじょに陽宅へと進化してきた歴史があるからです。陰宅と陽宅の風水は、別次元ではありません。

しかしながら、高層マンションの立ち並ぶ東京や香港などの大都市では、巒頭の技術をそのまま当てはめることが難しいケースが多くなっているのもまた事実です。実際に、香港ではほとんどがマンション住まいですし、東京都内も山があちこちに存在するわけではなく、都心はビルが乱立している状態です。都会になればなるほど、純粋な山のエネルギーを取り込める住まいは少なくなっているのです。

一方、台湾では国土の80％が山岳地帯であり、自然の龍のエネルギーを豊富に取り込める環境が整っているため、台湾の風水師は香港の風水師よりも地理に精通し、巒頭を重視していると言われています。場所が変われば人間の生活様式も変化するように、場所により重要視する風水技術も変化します。

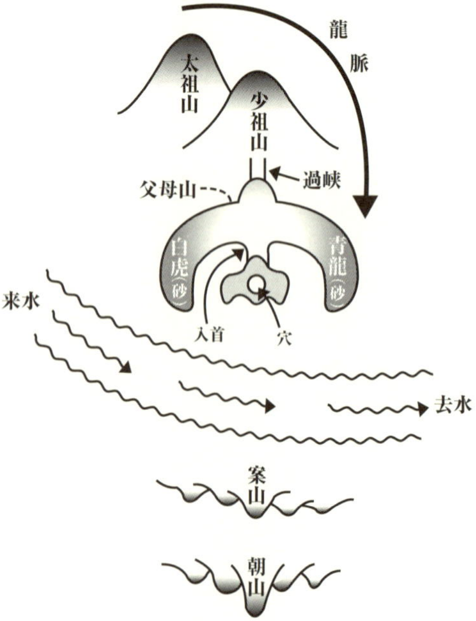

（1）龍《りゅう》

「龍《りゅう》」とは後方からやってくる山龍《さんりゅう》を意味し、太祖山《たいそざん》（龍のエネルギーの起源となる山）、少祖山《しょうそざん》（太祖山から父母山へと続く山）から過峡《かきょう》（山と山に挟まれた場所のこと）、父母山《ふぼさん》（龍穴の後方にある山）までの状態を表現しています。山龍の起伏の連続でウネウネと曲がりくねる龍を「活龍《かつりゅう》」と呼びます。活龍とは龍が生きている状態を表した言葉に他なりませんが、道路やトンネルなどに分断されずに連なる龍の力を利用すれば、瞬く間に幸運を得ることができるとされています。その逆に、山に起伏のない龍を「死龍《しりゅう》」と呼び、風水では忌み嫌います。何らかの理由で龍脈が分断された土地では、事故や病気に出会う確率は高まり、怪死事件が起こるケースもあります。

龍には山並みによって形成されたもの以外にも「平地龍《へいちりゅう》」という概念があります。東京の広尾や恵比寿のような都会にできた土地のうねりや起伏を平地龍とし、実際の山でなくとも山脈の連なりから発生した龍の如く見なすことができます。平地龍に住む人たちは龍の恩恵を受けて身分の上昇が起こり得ますので、広尾や恵比寿、麻布に多くの富裕層が住んでいる理由が理解できると思います。

（2）穴《けつ》

「穴《けつ》」とは「位置」を意味し、龍の中のどこにあるかが吉凶の分かれ目になります。龍からのエネルギーが集中するポイントを「龍穴《りゅうけつ》」と言い、この龍穴に埋葬することで子孫が繁栄するという思想がお墓の風水（陰宅風水）です。龍のエネルギーに満ちた穴を「貴穴《きけつ》」とし、風水の陰宅、陽宅の位置を決定する際に非常に重要なポイントとなります。

穴は大きなものから小さなものまでさまざまあります。例えば、京都は四神相応（玄武《げんぶ》、青龍《せいりゅう》、白虎《びゃっこ》、朱雀《すざく》という、四つの霊獣《れいじゅう》の構造を備えた地勢）の地として貴穴とされていますが、その穴は都市を包含する大きさです。玄武（北）となる貴船《きふね》山や鞍馬《くらま》山から、大文字山の方へと伸びる青龍（東）砂《さ》、嵐山の方へと伸びる白虎（西）砂によって、京都市全体（朱雀）が覆い囲まれています。

その逆に、非常に小さな穴も存在しています。大きな範囲からじょじょに小さな範囲に絞り込み、点となる穴を見つけることを「尋龍点穴《じんりゅうてんけつ》」と言い、風水師の最高難度の奥義とされています。

（3）砂《さ》

「砂《さ》」とは穴を取り巻く固体の総称であり、その家の財産や住人の健康に影響を与えます。樹木、山、高圧電線、ビル、隣の家、タワー、池・沼などもすべて砂として判断します。

現代都市の風水では、建物の左手側を青龍砂、右手側を白虎砂と呼び、青龍砂が白虎砂より高くなることを好みます。白虎砂が高いと事故や病気が起こりやすくなり、経済面にも悪い影響を与えます。

いずれにしても「砂」は形状、方位、遠近により、吉凶が異なってくるために、風水を判断する上では十分に考慮する必要があるでしょう。新居に入居する際は、周辺の砂に気を配る必要があります。特に、お墓、高圧電線、奇妙な形の建物・ビルなどに影響を受けるケースが多いので充分な注意が必要です。

（4）水《すい》

「水《すい》」とは河川のことであり、水の流れそのものを意味して財を司ります。しかし、現代では河川の他、道路や用水路、排水溝なども「水」に含めて判断します。速すぎず、ゆったりとした流れを吉とします。交通量の激しい道路は財をつかむチャンスに恵まれるものの、結局、手元の財は流れ去ってしまうという暗示があります。

現代風水では水を見る技術を「水法《すいほう》」と呼びます。伝統的な巒頭で紹介される水法の他、方位主体の伝統的な水法として、九星水法《きゅうせいすいほう》、三合水法《さんごうすいほう》、龍門八局《りゅうもんはっきょく》水法《すいほう》などが有名です。どの水法も、建物の周囲のどの方位から水が流れてきて（来水）、どの方位に水が流れていくのか（去水）を重要視します。

（5）明堂《めいどう》・案山《あんざん》

「明堂《めいどう》」とは穴の前方空間であり、龍・穴・砂・水とのバランスが取れる大きさの空間を造り出すことで、龍が最後に帰着してエネルギーが溜まる場所となります。北に玄武《げんぶ》、東に青龍《せいりゅう》、南に朱雀《すざく》、西に白虎《びゃっこ》と方位と動物で表現される「四神相応《しじんそうおう》」という有名な基本格局が巒頭にありますが、明堂とは朱雀に相当するものと考えます。

「案山《あんざん》」とは前方に見える山（砂）であり、案山の形により象意（その場所に特有の現象のこと）が異なります。案山は何層にも段々と連なるものが理想的で、何層にも重なって見える山々が、子孫が代々繁栄する様を象徴しています。しかし、現代都市の風水では、案山は自然の「山」に限らずとも、前方の家の形状や、樹木の形により形成されるケースもあるので、柔軟な解釈が必要になります。

2　現代都市の四神相応《しじんそうおう》

北に玄武《げんぶ》、東に青龍《せいりゅう》、南に朱雀《すざく》、西に白虎《びゃっこ》と表現される「四神相応《しじんそうおう》」という形状は、龍・穴・砂・水・明堂・案山を意味しています。玄武とは龍、青龍と白虎は砂、朱雀は明堂と案山に対応させて考えると分かりやすいでしょう。ただし、東西南北の各象徴（青龍・朱雀・白虎・玄武）が必ず存在しなければならないということではありません。

現代都市においても、建物後方に玄武としてのビル、左手側に青龍砂となる建物、右手側に白虎砂となる建物があり、建物の前方が開け、案山となる建物や樹木などがあれば、四神相応は完成します。

ただし、青龍砂は白虎砂よりも高い方が好ましく、この場合は財運に恵まれ家運は発展すると予測できますが、逆に白虎砂が青龍砂よりも高い場合には、事故や怪我に見舞われ、経済面にも悪い影響を与える風水とされ忌み嫌われます。

四神相応

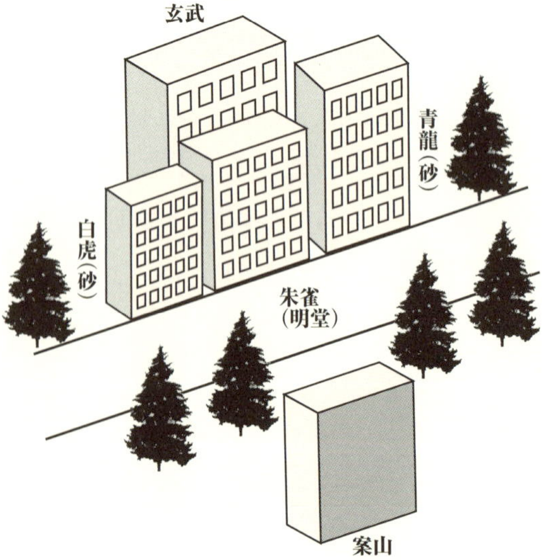

3　風水環境の判断法

現代都市に見られる代表的な巒頭を紹介します。

（1）玉帯水《ぎょくたいすい》（有情《うじょう》）

玉帯水

玉帯水《ぎょくたいすい》はお金に恵まれる「有情《うじょう》」と呼ばれる水の形勢です。水はゆっくりと流れる方が良く、玉帯水に囲まれることでお金に強い建物になります。水は川である必要はなく、現代都市では道路も交通のある「水」とみなします。しかし、速い流れの水は好まれません。水の流れがあることでチャンスに恵まれますが、流れ去ってしまう象意があるからです。

（2）反弓水殺《はんきゅうすいさつ》（無情《むじょう》）

反弓水殺

反弓水殺《はんきゅうすいさつ》は玉帯水とは真逆の水の形勢です。反弓水からの殺気により、経済面ではたいへん悪い建物になります。このような形勢の建物に入居すると、凶作用が大きく出ます。特に店舗

経営の場合は同業者の妨害が出たりします。３～４年の内に経済面に問題が出て衰退していくでしょう。

経済面の他、健康面でも不眠症やイライラなどが出やすくなるでしょう。

(3) 木煎《もくせん》

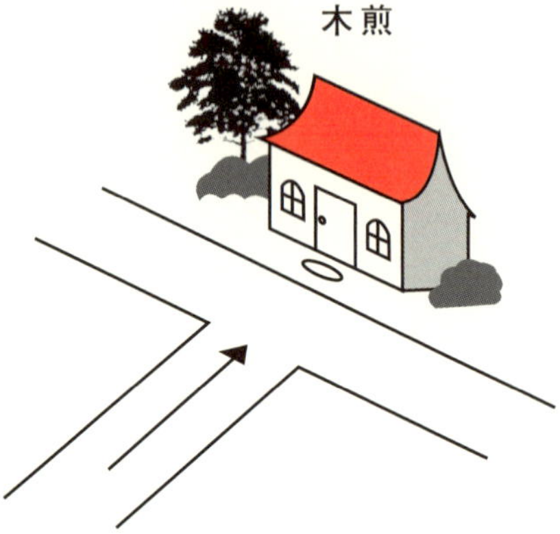

木煎《もくせん》とは、長い道路からやって来る速い気です。T字路の突き当たりの形勢に多く現れます。このような場所では事故も多く、好ましい風水地ではありませんが、まれに、時代と方位を司る理気《りき》の作用により、良い影響が出ることがあります。しかし、原則的にこのような地に家を構えることはタブーとなっています。

(4) 探頭殺《たんとうさつ》

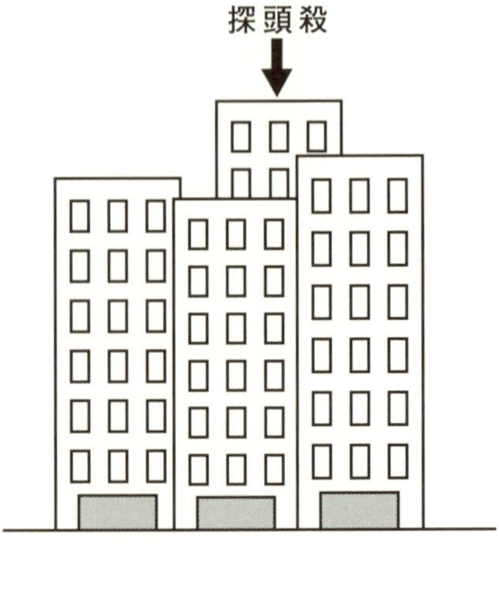

ビルの後方から覗くように存在する建物があることを「探頭殺《たんとうさつ》」と言います。この殺があると泥棒による被害や、怪奇現象などが起こることが予測されます。探頭殺は、本来、山と山の間から覗く山がある形勢風水のことです。山の近くに住んでいる場合、頻繁に探頭殺を見つけるかもしれません。

（5）露風殺《ろふうさつ》

周囲の建物よりも飛びぬけて高いビルに住んでいる場合、周囲からのサポートを受けられません。健康にも恵まれず、人間関係で孤立する恐れがあります。また、このようなビルに住むと、虚栄心が強くなって経済面での浪費癖がつくでしょう。なお、露風殺《ろふうさつ》という風水の専門用語は「弧峰《こほう》」と呼ばれることもあります。

(6）隔角殺《かくかくさつ》

建物の角が向かってくる巒頭は、風水上好ましくありません。ジワジワと凶作用を受けて精神状態に影響を及ぼします。玄関や窓から角が見える場合は特に悪い影響がありますので、樹木やブロック塀、カーテンを掛けるなどして視界を遮《さえぎ》る必要があります。

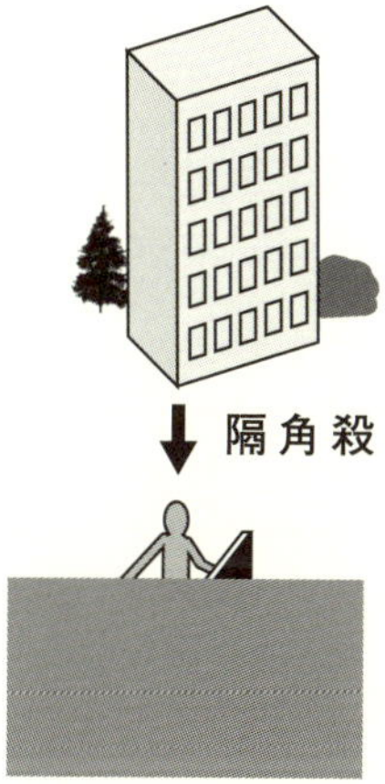

(7) 高圧電磁殺《こうあつでんじさつ》

送電線の近くの住人には白血病が多くなることが報告されていますが、風水上も送電線の近くの建物は好ましくありません。理気との組み合わせで、健康を悪化させたり、火事や爆発事故を起こすこともあります。東京タワーは高圧電磁殺の典型例です。

最近は、携帯電話の電波塔が多数建てられているのを目にします。電磁波を発していますので健康に良くないばかりか、風水的に殺となっている可能性がありますので、風水を見る際は、チェックする必要があります。

(8) お墓

お墓には悲しみの陰の気が強く宿っています。墓場の近くの家では幽霊を見たり、怪奇現象が起こるようになりますので、お墓の見える場所や墓地の近くに住むべきではありません。お墓は環境殺（風水の悪い環境）の一つです。

（9）その他の環境殺

人間が生活する上で、物理的、心理的に影響を及ぼすものも環境殺に含まれます。例えば、警察、教会、消防、ゴミ捨て場、騒音、化学工場の煙、異臭などは悪い影響を受けるとして風水で忌み嫌われますし、日本各地に点在する原子力発電所なども、常に近隣住民が放射線被爆する可能性があり、物理的な影響を及ぼす環境殺に含まれるでしょう。また、地震や津波などの自然災害の多い地域は常に生命の危険に晒《さら》されており、好ましくありません。風水判断においても、生命の危険の無い安全な場所に住むことが最優先であり、その上で、住み心地の悪い場所や、物理的、心理的に悪い影響を与える環境殺のエリアに住まないことが大切です。

第三章　理気（玄空飛星派）

1　玄空飛星派《げんくうひせいは》

ここまで述べてきたように、風水を考慮する際に、「巒頭《らんとう》」と「理気《りき》」の二側面からアプローチする必要があります。巒頭は周辺環境の視覚的判断によるものであり、対象は家の中のインテリアや装飾品にまで及びます。一方、理気は目には見えない方位の抽象的なエネルギーを計算します。

本書で紹介する「玄空飛星派《げんくうひせいは》」は、香港のみならず、アジアの台湾、韓国、中国、シンガポール、マレーシア、そして、西洋諸国の風水師によって使用され、世界的に大ブレイクしているテクニックです。もともと、玄空飛星派は風水師の秘儀という位置づけでした。しかし、1988年のイギリスの香港返還に伴い、香港の風水師たちが諸外国へ飛び出しました。それから、玄空飛星派の秘密はじょじょに明らかになってきました。英語圏に飛び出した風水師も多く、1990年ごろから玄空飛星派を説明した英語の本が何冊も出版されています。

風水の理気には、多くの流派が存在しています。八宅派《はったくは》、星度派《せいどは》、奇門派《きもんは》、三元派《さんげんは》、三合派《さんごうは》、乾坤国寶派《けんこんこくほうは》……などさまざまです。本場の台湾には100以上の風水流派があると言われているほどです。

100以上の流派がある中で「玄空飛星派」の理気が世界的に広まったのには理由があります。それは、時間の変化に伴う方位のエネルギーの推移を簡単に判断できるからです。玄空飛星派の計算は簡単なシステムですが、その解釈は合理的であり、正確な判断が可能です。

西洋諸国で風水が認知されたのも、玄空飛星派が登場してからです。それまでの風水はオカルト・神秘主義的なものとしてとらえられ、合理主義国の知識層の心にはまったく届かず見向きもされない、ある種の呪い的な位置づけでしかありませんでした。しかし、理論的な計算方法に基づく玄空飛星派の登場により、今日では風水は世界的に爆発的な広がりを見せています。

玄空飛星派の実践に入る前に、まず「飛星《ひせい》チャート」と呼ばれる、家のレントゲン図を作成しなければなりません。飛星チャートは、家の各方位にどのようなエネルギーが流れているかを示すものです。

例えば、香港・中環にある香港上海銀行（HSBC）の飛星チャートは以下のようになります。

飛星チャートは家に存在する目には見えない抽象的な方位のエネルギーのマップです。各方位の３つの数字のうち、左上の数字を「山星《やまぼし》」と言い、右上の数字を「水星《みずぼし》」と言います。ここで覚えておかなければならないことは、水星《みずぼし》は「お金」を司り、移動できる空間、流動性のあるアクティブな空間にあることが好ましいということです。すなわち、玄関・リビング・建物内のオープンスペースの方位に良い影響をもたらす水星があることが好ましいのです。

第7運　午山子向

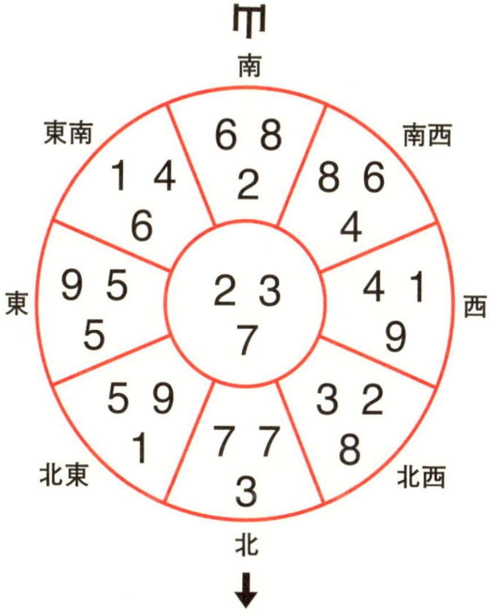

山星《やまぼし》は「人」を司り、固定された空間、高く閉じた静かな空間にあることが好ましいです。すなわち、近隣の高いビルが建っている方位で、良い影響をもたらす山星の方位に寝室を配置します。

後の章で説明しますが、2004年～2023年の期間は第８運といい、飛星チャートの８や９が強いエネルギーを持つ星になっています。香港上海銀行などの金融業においては、お金を意味する「水星」を刺激する必要があるので、飛星チャートの南方位にある水星８と、北東方位にある水星９を活性化することになります。

飛星チャートを描くと、各方位にどのような象意を持つエネルギーが存在するか一目瞭然となり、巒頭による周辺環境からの影響との組み合わせで、判断材料が豊富になります。建物内のエネルギーの分析とコントロールの方法が明らかとなり、建物の最も効率的な活用法がわかります。

飛星チャートを作成する前に、陰陽《いんよう》、五行《ごぎょう》、八卦《はっけ》、三元九運《さんげんきゅううん》、河図《かと》、洛書《らくしょ》、九星《きゅうせい》などの概念を学ばなければなりません。これらの概念すべてが飛星チャートに基づく風水の解釈に複雑に絡み合ってくるからです。

また、飛星チャートを作成するには、「坐向《ざこう》（建物の向き）」と「竣工年月《しゅんこうねんげつ》」が必要となります。坐向を決定する際は「陰陽《いんよう》」の概念が必要となり、竣工年月が、どの「三元九運《さんげんきゅううん》」に属するかを調べる必要があります。しかし、一度“飛星チャート”を作成すれば、時間の変化に伴う環境から私たちが受ける影響を、以下のようなトピックについて詳細に読むことができるようになります。

- なぜ恋愛に問題が起きるのか？
- なぜ結婚できないのか？

- なぜ人とトラブルばかり起こるのか？
- なぜ引っ越してから収入が減り始めたのか？
- なぜ店の売り上げが悪いのか？
- なぜ泥棒が入ったのか？
- なぜ子宝に恵まれないのか？
- なぜ健康に問題が出ているのか？
- なぜ怪我をしたのか？
- なぜ事故を起こしてしまったのか？

飛星チャートと五行、八卦、九星、河図、洛書の組み合わせによって、いつ、誰に、どんな問題が出るのか、具体的にさまざまな予測ができるようになるのです。

2　陰陽《いんよう》

もともと宇宙は混沌としており、西洋理論によれば、宇宙は大爆発により始まったとされるビッグバン理論に根拠があるとされています。ビッグバンにより、時空の概念が発生したという考え方です。

一方、東洋思想によれば、もともと、宇宙は「無極」状態にありましたが、ある時、陰陽が発生したことにより、宇宙のすべてが始まったとされています。陰陽は相反する二つの方向性を持つエネルギーです。ポジティブ・男性・明……を「陽」とし、ネガティブ・女性・暗……を「陰」としました。陰と陽の関係は補足し合い、相互依存する関係であり、この二つのバランスが取れている状態を成功と考えました。この考え方は太極図を見れば一目瞭然です。

太極図には黒と白の領域があり、陰の中に陽があり、陽の中に陰があります。また、陰陽は二つの領域に直線的に分断してはおらず、お互いの領域に混ざり合っているように見えます。これは陰と陽が混じり合って、相互に依存している状態を表しています。すべてが陰、すべてが陽という状態は宇宙に存在しないことを太極図は示しています。

太極図

玄空飛星派による風水鑑定では、飛星チャートの山星と水星について検討しますが、山星は動かないので「陰」、水星は動くので「陽」と区別できます。

つまり、風水を見るというプロセスは、現実世界の構成要素を陰陽に区別して解釈することに他なりません。

陰	陽
女性	男性
右	左
夜	昼
冬	夏
重い	軽い
暗い	明るい
寝室	居間
オープン	クローズ
平面の壁	装飾された壁

3　五行《ごぎょう》

五行理論は、宇宙空間の森羅万象を「木・火・土・金・水」という５つに分類する中国発祥の哲学です。五行が相互にコントロールし合い、影響し合っているというものです。五行では、身体、色、臓器、感情、味覚、季節、方位に至るまで、すべてが５つの要素によって表現され、影響し合っているとされます。その概念は、五行の相互関係を表す「相生《そうしょう》サイクル」と「相剋《そうこく》サイクル」、「相洩《そうえい》サイクル」の３つの法則を生み出しました。玄空飛星派ではこの３つのサイクルを用いての改善が中心になるので、たいへん重要です。

五行	木	火	土	金	水
身体	目	舌	口	鼻	耳
色	青	赤	黄	白	黒
臓器	肝臓	心臓	脾臓	肺	腎臓
感情	怒	喜	思	悲	恐
味覚	酸	苦	甘	辛	塩辛
季節	春	夏	移行期	秋	冬
方位	東	南	中央	西	北
形	長方形	三角形	正方形	円形	無定形

五行のサイクル

五行は互いに干渉しあう関係があり、四種類のサイクルを持っています。

① 相生《そうしょう》サイクル
② 相剋《そうこく》サイクル
③ 相洩《そうえい》サイクル
④ 比肩《ひけん》

五行相生サイクル

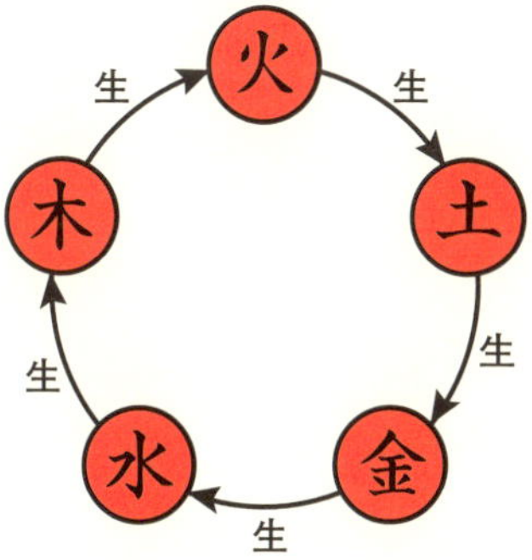

木は火を生じ、火は土を生じ、土は金を生じ、金は水を生じ、水は木を生じます。この生じる関係を『相生サイクル』と言います。

五行相剋サイクル

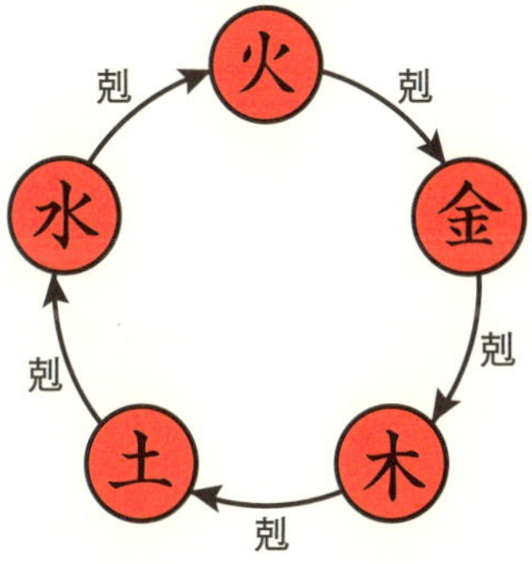

木は土を剋し（対立して負かす)、火は金を剋し、土は水を剋し、金は木を剋し、水は火を剋します。この剋す関係を『相剋サイクル』と言います。

木は水を洩《も》らし（弱める）、火は木を洩らし、土は火を洩らし、金は土を洩らし、水は金を洩らします。この洩らす関係を『相洩サイクル』と言います。

五行相洩サイクル

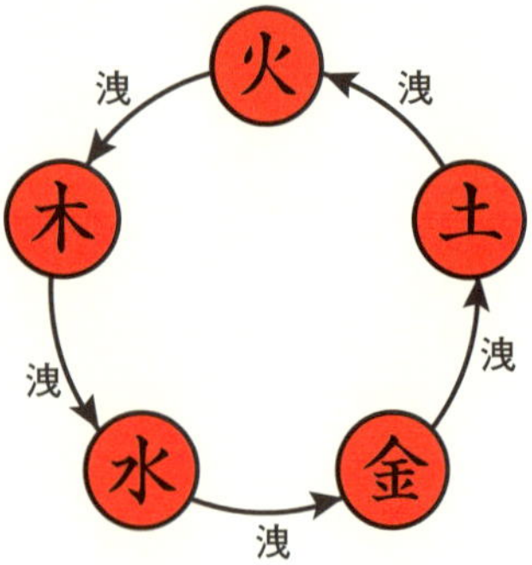

例えば、樹木（木）が水を吸って成長するのは相生サイクル（水生木）から説明できますが、その逆に水が樹木（木）にエネルギーを吸い取られてしまうのは相洩サイクル（木洩水）から説明できるでしょう。また、煙草（火）により肺（金）が痛めつけられる理由は相剋サイクル（火剋金）から説明できます。

最後に、比肩という関係があります。八字《はちじ》（四柱推命《しちゅうすいめい》）でしばしば使われる概念ですが、風水の五行の相関関係に適用されます。木は木によって強められ、火は火によって強められ、土は土によって強められ、金は金によって強められ、水は水によって強められる、同種の五行でサポートし合う関係です。

玄空飛星派では、山と水のエネルギーを五行に分類して、相生サイクル、相剋サイクル、相洩サイクル、比肩の関係を用いて改善法を計算します。

4　八卦《はっけ》

陰陽と五行の背景に易経があると言われています。易経については著者と原書の存在が明らかにされておらず、「卦《け》」と呼ばれる８つのシンボル図だけが知られています。これらの卦は、３本の直線と破線で構成されています。直線は「陽」を表し、破線は「陰」を表しています。直線と破線を３本組み合わせることで、８つの卦が完成します。これを「八卦《はっけ》」と呼んでいます。

（1）先天八卦《せんてんはっけ》と後天八卦《こうてんはっけ》

八卦には「先天八卦《せんてんはっけ》」と「後天《こうてん》八卦《はっけ》」があります。一説によると先天八卦は伏儀《ふぎ》が自然を観察したことにより発明されたということです。八卦の内の乾《けん》は天として上に配置され、坤《こん》は地として下に配置されています。しかし、研究者によりさまざまな説があり、真相は謎に包まれています。

後天八卦は文王《ぶんのう》によって発明されたと言われています。また、後天八卦は季節に対応しています。風と雷を春の要素としてそれぞれ東南と東に配置し、火は夏の要素として南に配置し、沢と天を秋の要素としてそれぞれ西と北西に配置し、水を冬の要素として北に配置しています。

八卦には、数字・人物・方位・身体の部位・五行など、さまざまな意味が含まれています。

八卦	要素	人物	方位	身体	性質	数字
乾	金	父親	北西	頭、肺	天	6
兌	金	三女	西	口	沢	7
離	火	次女	南	目、心臓	火	9
震	木	長男	東	肝臓、足	雷	3
巽	木	長女	東南	太腿、股	風	4
坎	水	次男	北	耳、腎臓	水	1
艮	土	三男	北東	手、関節	山	8
坤	土	母親	南西	胃腸	地	2

先天八卦

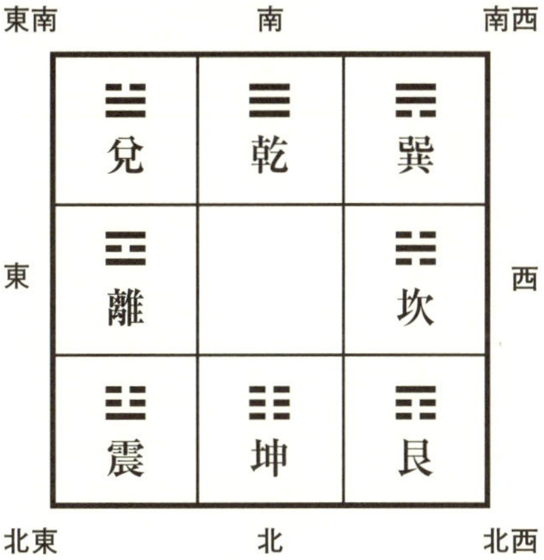

後天八卦

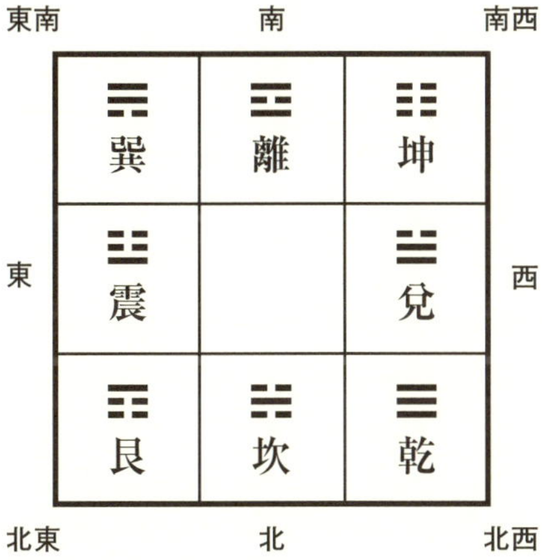

（2）命卦《めいか》

命卦《めいか》は生年から算出され、その使用法は、個人特有の吉方位と凶方位が決定する八宅派《はったくは》が有名ですが、玄空飛星派においても命卦を用いた分析を使用します。特に、命卦と同じ数字の山星や水星の方位を使用することで、良い影響、悪い影響が現れやすくなります。

玄空飛星派では、中宮《ちゅうぐう》（44ページ参照）に入る数字が毎年変化します。2010年の場合は、数字8が入ります。男性の命卦は毎年の数字に対応するので、2010年の寅年に生まれた男性の命卦は“艮《ごん》”になります。それに対して、2010年生まれの女性の命卦は“兌《だ》”になります。

命卦の算出法を見てみましょう。

1999年までに生まれた方と、2000年以降に生まれた方とで、計算方法が異なるので注意して下さい。

また、1＝坎《かん》、2＝坤《こん》、3＝震《しん》、4＝巽《そん》、5＝（男性は坤・女性は艮）、6＝乾《けん》、7＝兌《だ》、8＝艮《ごん》、9＝離《り》となります。

① 1999年までに生まれた方の命卦の出し方

男性：（100－西暦の下二桁）÷9……余りが命卦

女性：（西暦の下二桁－4）÷9…………余りが命卦

起例1：1975年生まれの男性

（100－75）÷9＝2　余り7

従って、1975年生まれの男性の命卦は7（兌）となります。

起例２：1972年生まれの女性

（72－４）÷９＝７　余り５

余りが５になった場合は特例として、男性は命卦２、女性は命卦８に変換されます。つまり、卦には５という数字の人は存在しないのです。

② 2000年以降に生まれた方の命卦の出し方

男性：11－（西暦の合計数）……命卦

女性：（西暦の合計数）＋４……命卦

起例３：2010年生まれの男性

11－（２＋０＋１＋０）＝８

従って、2010年生まれの男性の命卦は８（艮）となります。

起例４：2009年生まれの男性

11－（２＋０＋０＋９）＝０

計算結果が０になる場合は９を足します。つまり、2009年生まれの男性の命卦は９（離《り》）になります。

起例５：2007年生まれの女性

（２＋０＋０＋７）＋４＝13

計算結果が９を超える場合は、結果から９を引きます。つまり、2007年生まれの女性の命卦は４（巽《そん》）になります。

風水では年の始まりを、毎年２月４日前後の立春《りっしゅん》としています。２月４日の前に生まれた方は“中国萬年暦《ちゅうごくまんねんれき》”で正確な立春日を調べて下さい。日によっては前年の命卦になることがありますので注意して下さい。

西暦	元号	男	女	西暦	元号	男	女	西暦	元号	男	女
1930	昭和5年	兌	艮	1960	昭和35年	巽	坤	1990	平成2年	坎	艮
1931	昭和6年	乾	離	1961	昭和36年	震	震	1991	平成3年	離	乾
1932	昭和7年	坤	坎	1962	昭和37年	坤	巽	1992	平成4年	艮	兌
1933	昭和8年	巽	坤	1963	昭和38年	坎	艮	1993	平成5年	兌	艮
1934	昭和9年	震	震	1964	昭和39年	離	乾	1994	平成6年	乾	離
1935	昭和10年	坤	巽	1965	昭和40年	艮	兌	1995	平成7年	坤	坎
1936	昭和11年	坎	艮	1966	昭和41年	兌	艮	1996	平成8年	巽	坤
1937	昭和12年	離	乾	1967	昭和42年	乾	離	1997	平成9年	震	震
1938	昭和13年	艮	兌	1968	昭和43年	坤	坎	1998	平成10年	坤	巽
1939	昭和14年	兌	艮	1969	昭和44年	巽	坤	1999	平成11年	坎	艮
1940	昭和15年	乾	離	1970	昭和45年	震	震	2000	平成12年	離	乾
1941	昭和16年	坤	坎	1971	昭和46年	坤	巽	2001	平成13年	艮	兌
1942	昭和17年	巽	坤	1972	昭和47年	坎	艮	2002	平成14年	兌	艮
1943	昭和18年	震	震	1973	昭和48年	離	乾	2003	平成15年	乾	離
1944	昭和19年	坤	巽	1974	昭和49年	艮	兌	2004	平成16年	坤	坎
1945	昭和20年	坎	艮	1975	昭和50年	兌	艮	2005	平成17年	巽	坤
1946	昭和21年	離	乾	1976	昭和51年	乾	離	2006	平成18年	震	震
1947	昭和22年	艮	兌	1977	昭和52年	坤	坎	2007	平成19年	坤	巽
1948	昭和23年	兌	艮	1978	昭和53年	巽	坤	2008	平成20年	坎	艮
1949	昭和24年	乾	離	1979	昭和54年	震	震	2009	平成21年	離	乾
1950	昭和25年	坤	坎	1980	昭和55年	坤	巽	2010	平成22年	艮	兌
1951	昭和26年	巽	坤	1981	昭和56年	坎	艮	2011	平成23年	兌	艮
1952	昭和27年	震	震	1982	昭和57年	離	乾	2012	平成24年	乾	離
1953	昭和28年	坤	巽	1983	昭和58年	艮	兌	2013	平成25年	坤	坎
1954	昭和29年	坎	艮	1984	昭和59年	兌	艮	2014	平成26年	巽	坤
1955	昭和30年	離	乾	1985	昭和60年	乾	離	2015	平成27年	震	震
1956	昭和31年	艮	兌	1986	昭和61年	坤	坎	2016	平成28年	坤	巽
1957	昭和32年	兌	艮	1987	昭和62年	巽	坤	2017	平成29年	坎	艮
1958	昭和33年	乾	離	1988	昭和63年	震	震	2018	平成30年	離	乾
1959	昭和34年	坤	坎	1989	平成元年	坤	巽	2019	平成31年	艮	兌

（3）命卦の特徴

それぞれの命卦により、性格や職業などに関して変化が現れます。

① 命卦“坎《かん》”の人

命卦が“坎”のあなたは思考力が強く、次々と斬新なアイディアを思いつく人です。流れる水の如く、どこでも強引に入り込んでいき、誰とでも打ち解けてしまう柔軟さと強《したた》かさがあります。しかし、その思考力の強さと強引な行動のせいで「どこか冷たい人」との印象を与えるため、他人の感情を尊重し、心のこもった言動を心掛ける必要があります。

耳、腎臓、尿道、血液の病気が出やすくなります。

② 命卦“坤《こん》”の人

命卦が“坤”のあなたは母なる大地の如く、おおらかな雰囲気で周囲の人をサポートする慈愛と包容力に満ちています。細々したことが好きで、身の回りや情報の整理整頓に長けています。しかし、良いものも悪いものも何でも吸収してしまう一面があるために、ワイロを受け取ることもあります。自分の主義主張をシッカリと持ち、方向性を見誤らないようにする必要があります。

腹部や消化器系に病気が出やすくなります。

③ 命卦“震《しん》”の人

命卦が“震”のあなたは若々しさに溢れ、雷の如くエネルギッシュに行動する人です。感情の起伏があり、大人しくてもヒステリックな性情も合わせ持つため、怒ると怖い側面を持っています。また、せっかちで早口の人が多いのも特徴で、おっちょこちょいな一面もあります。感情に流されないように気をつけ、慎重に行動する必要があります。

足、喉、肝臓、神経系統の病気が出やすくなります。

④ 命卦“巽《そん》”の人

命卦が“巽”のあなたは、吹き抜ける風の如く一箇所に留まらず、クリエイティブで理性的な行動を取る人です。聞き上手であるため誰とでも仲良くできますが、優柔不断な側面も持ち合わせています。ロマンスに憧れ、夢見がちな一面もあります。あまり強気な性格ではないため、周囲の人や意見に流される傾向があるので、周りに惑わされないことが大事です。

風邪を引きやすく、リュウマチ、お尻、太腿、精神面の病気が出やすくなります。

⑤ 命卦“乾《けん》”の人

命卦が“乾”のあなたは天に向かって突っ走るが如くパワフルでリーダー気質を持つ人です。面倒見も良いために信頼を得ますが、物事を力強く政治的に押し進める強引さも持っているために、しばしば周囲との衝突を招きやすく、そのために孤独な一面を持っています。時には周囲のペースに合わせる柔軟性を身に付けることが大事な要素となります。

頭、呼吸器系の病気が出やすくなります。

⑥ 命卦“兌《だ》”の人

命卦が“兌”のあなたは華やかで楽しいことを好み、外見のセンスにも気を使う社交的な人です。美しい“湖”が宝石に例えられるが如く、いつまでも若々しさと美しさをもった行動を取り、基本的にお喋りであるために、周囲の人を巻き込むエンタメ系の明るさと華やかさを身に付けています。ただし、口が過ぎて余計な一言を言ってしまうこともあるので注意が必要です。

口、歯、胸の病気が出やすくなります。

⑦命卦“艮《ごん》”の人

命卦が“艮”のあなたは山の如くドッシリと構えていますが、少年のような気持ちを持ち、コツコツと頑張る人です。しかし、自説に固執するために他人の意見を受け入れないことが多く、時に頑固な人であるとの印象を与えてしまうことも。また、分析好きの一面を持ち、行動が合理的過ぎて狡猾《こうかつ》な人と思われることがあるので、日頃から柔軟な思考をする必要があります。

関節、骨の病気が出やすくなります。

⑧命卦“離《り》”の人

命卦が“離”のあなたは頭脳明晰で隠しごとをしない情熱的な行動を取る人です。外見や行動に派手さが伴うために、周囲から火が燃え盛る如く過激な行動を取る人と思われがちです。自分の選択した道へのパッションが強くアグレッシブに行動しますが、周囲があなたについていけないと思うこともしばしば。時には自分の行動を客観的に振り返る冷静さが必要です。

頭、心臓、目の病気が出やすくなります。

5　三元九運《さんげんきゅううん》

環境が時間の流れによって変化するように、風水も時間の流れにより変化しますので、風水的に良い影響も悪い影響も、永遠に続くことはありません。そもそも“玄空飛星派《げんくうひせいは》”の“玄空《げんくう》”とは“風水”の意味に他なりません。“玄”とは“時間”、“空”とは“空間”を意味しています。時間と空間の係わり合いを“風水”という言葉で表しているのです。

玄空飛星派の理気では、時間について「三元九運《さんげんきゅううん》」という時間軸を採用しています。三元九運とは180年を１周とする時間のサイクルです。「元《げん》」は20年ずつの３つの「運《うん》」で構成され、上元《じょうげん》（第１運・第２運・第３運）、中元《ちゅうげん》（第４運・第５運・第６運）、下元《げげん》（第７運・第８運・第９運）に分けられています。

例えば、2004年～2023年までの20年間は第８運で、「下元《げげん》」に帰属しています。風水では１年の始まりが立春になりますので、正確には、第８運は2004年２月の立春から2024年２月立春までになります。第１運から第９運までは各20年の時間単位です。このサイクルは木星と土星の20年ごとの会合に関係していると伝えられています。

なお、１～９までの数字には吉凶の強弱があります。原則として、現在の三元九運（第８運）の数字８が最も吉性の強いエネルギーであり、“旺気《おうき》”とします。そして次の三元九運（第９運）の数字が２番目に吉性が強く、“生気《せいき》”とし、さらにその次の三元九運（第１運）の数字１が３番目に吉性が強く“進気《しんき》”とします。すなわち、第８運は、８・９・１の３つの数字を吉性のエネルギーが強い数字と解釈し、その他の２・３・４・５・６・７は凶性の強い数字と解釈するのが原則です。

2004年立春より私たちは第８運のサイクルに属しています。この数字は「時代」を表していますから、世界情勢は「８」の象意が顕著に現れています。数字の８は八卦の「艮」ですので、少年や若者、そして身体の指や関節を表しています。

2004年ごろよりライブドアの堀江氏や楽天の三木谷氏などの若い経営者がメディアを騒がせ始めました。彼らはインターネットを利用したビジネスを展開し、瞬く間に資産を築きプロ野球球団の買収問題で、一挙に世間の注目を集めました。また、近年アップルから発売され、世界的に旋風を起こしている iPhone はタッチパネルのモバイル端末です。指で液晶画面を叩く行為も「８」が象徴していると言えるでしょう。

三元九運	区分	時間	旺気	生気	進気
第1運	上元	1864年～1883年	一白	二黒	三碧
第2運		1884年～1903年	二黒	三碧	四緑
第3運		1904年～1923年	三碧	四緑	五黄
第4運	中元	1924年～1943年	四緑	五黄	六白
第5運		1944年～1963年	五黄	六白	七赤
第6運		1964年～1983年	六白	七赤	八白
第7運	下元	1984年～2003年	七赤	八白	九紫
第8運		2004年～2023年	八白	九紫	一白
第9運		2024年～2043年	九紫	一白	二黒

一つ前の第７運はどうでしょうか？　1984年～2004年までの第７運では、コミュニケーション、女性、スキャンダル、エンターテイメントがテーマの時代です。華やかな芸能界、お笑いなどのエンタメ系のＴＶ番組などがたいへん人気でした。第７運にはバブル期も経験し、ディスコやクラブが若者の間で大ブレイクしています。

また、軍事の通信手段として発展したインターネットも第７運に一般へと普及し、現在もインターネット人口は爆発的に増え続けています。2012年は第８運に属していますが、年飛星（第６章を参照）が６の年になりますから、強いリーダーシップを発揮する人物が登場する可能性を持った１年になると予測できます。

中国伝統五術には、風水の三元九運の他にも自然の摂理を時間のサイクルで読み解こうとする試みが随所に見られます。中国命術の八字（四柱推命）では十干《じっかん》十二支で表される60干支によって60年周期の時間サイクルが表現されているため、年月日時を60干支によって表すことができます。

例えば、2001年９月11日、アメリカのツインタワーに飛行機が突っ込んだ事件は記憶に新しいと思います。2001年は60干支では「辛巳《かのとみ》」です。その前の辛巳は1941年で、アメリカが真珠湾攻撃を受けた年です。いずれもアメリカの自作自演という説もありますが、アメリカが攻撃を受けて戦争を始めた時期に、共通の時間のサイクルがあることには変わりがありません。

西洋科学には時間に記号をつける習慣はありません。ただ、直線的な時間の流れが存在するだけです。しかし、風水や中国占術では時間に記号をつけて螺旋状に時代を分析する方法を発明しました。つまり、西洋科学には未来を予測する方法はありませんが、風水ではその術があるということです。

6　洛書《らくしょ》と河図《かと》

（1）洛書《らくしょ》

風水理論では、空間の概念を必要としています。空間を表現する洛書の理論は風水の中核をなす重要概念であり、約6000年前に中国の黄河に現れた大きな亀の甲羅に描かれた、「洛書《らくしょ》」と呼ばれる図が根拠とされています。

亀の背中に書かれた数を、図のように九つの宮（方位）に配します。これは洛書《らくしょ》の基本となる図です。

九つの宮からなるので「九宮《きゅうきゅう》」と呼び、各宮は方位を意味しています。中央の宮を「中宮《ちゅうぐう》」、次に数字が割り振られる方位の順番で、北西方位の宮を「乾宮《けんきゅう》」、西方位の宮を「兌宮《だきゅう》」、北東方位の宮を「艮宮《ごんきゅう》」、南方位の宮を「離宮《りきゅう》」、北方位の宮を「坎宮《かんきゅう》」、西南方位の宮を「坤宮《こんきゅう》」、東方位の宮を「震宮《しんきゅう》」、東南方位の宮を「巽宮《そんきゅう》」と呼びます。

各宮には洛書の数字が入っており、これらの数字は“飛星《ひせい》”と呼ばれます。九宮は、玄空飛星派においてたいへん重要な概念で、この九宮を元に飛星チャートを作成し、環境や運勢を改善します。また、洛書の数字にはさまざまな意味があり、五行・人物・色・陰陽などすべてが含まれています。数字の意味を知ることで、家の各方位に存在する目に見えない抽象的なエネルギーの性質を読むことができます。また、付け加えるならば、縦、横、斜めの３つの数字を足し合わせると必ず15になっています。

九宮に書かれている洛書の数字は、時間の経過とともに変化します。それぞれの数字はある一定のパターンで移動します。中宮に５が入っているものが基本図

洛書

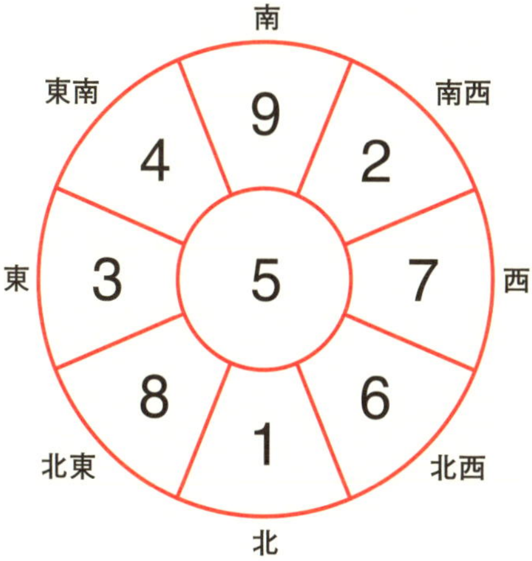

であり、「中宮→北西→西→北東→南→北→南西→東→東南」の順に1から9までの数字が入ります。例えば中宮に3が入る場合、北西に4、西に5、北東に6、南に7、北に8、南西に9、東に1、東南に2が順に入ります。中宮の数字が変化すれば、他の宮の数字も自動的に変化します。

洛書の数字は特定方位の風水の影響を表しています。数字は特定のパターンで変化します。特定方位が私たちに与える影響は、その方位に入る数字の持つ象意から読み取ります。三元九運、年運、月運、日運、時運まで特定のパターンで移動しています。

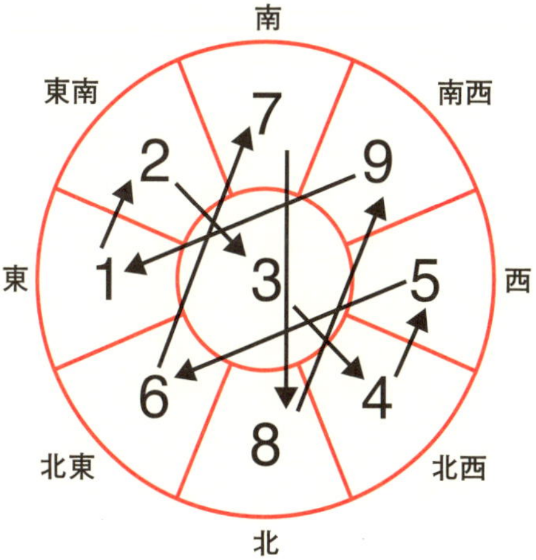

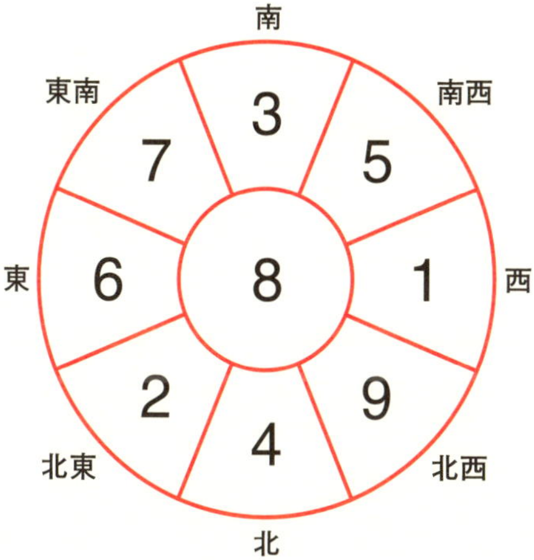

例えば、第8運の方位の影響を分析するには、8を中宮に配置し、次に9（北西）→1（西）→2（北東）→3（南）→4（北）→5（南西）→6（東）→7（東南）の順で九宮に数字を振っていきます。

風水分析に使用する飛星チャートを作成するには、三元九運の数字を振る必要があります。このチャートから、山星と水星を計算して具体的に改善していきます。

（2）河図《かと》

洛書《らくしょ》が発見された同時期に、黄河流域の龍馬（河や海など水中に棲む馬のような頭を持つ龍、伝説の神獣）の背中に「河図《かと》」と呼ばれる図が発見されたと伝えられています。1と6、2と7、3と8、4と9、5と10の組み合わせのことを河図数と呼び、風水分析の際、重要な概念となります。

河図

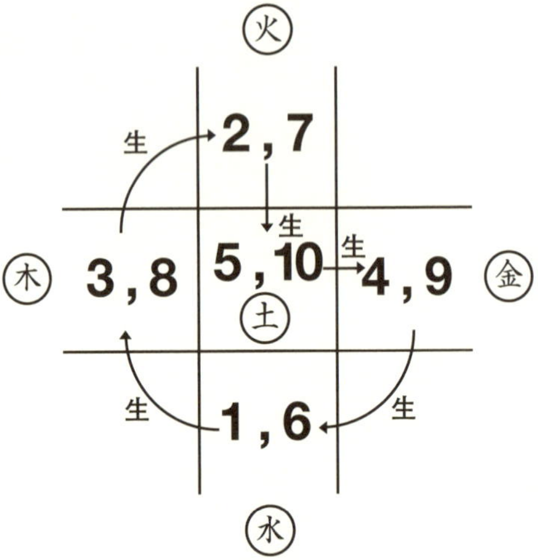

ところで、河図や洛書とは一体何を表しているのでしょうか？　それは結局のところ、五行の相関関係です。

洛書

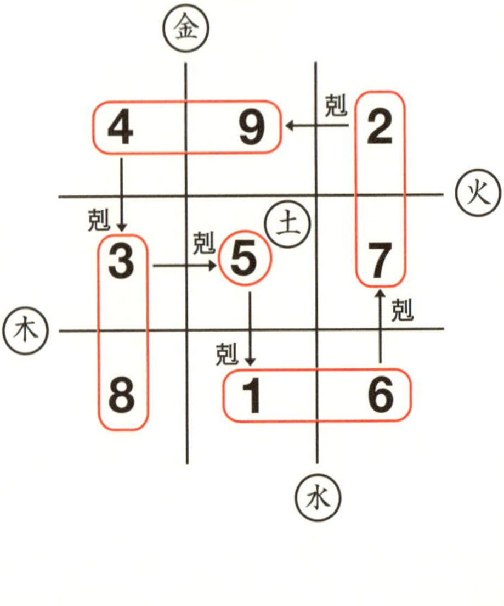

北の1と6は水、東の3と8は木、南の2と7は火、西の4と9は金、中央の5と10は土と、固有の方位と属性を持っています。河図の公式は玄空飛星派でも使用します。例えば、数字の4は9と結びついて金になり、9の働きを持ちます。

洛書は河図数を代入することで、水（1と6）剋火（2と7）、火（2と7）剋金（4と9）、金（4と9）剋木（3と8）、木（3と8）剋土（5）、土（5）剋水（1と6）という相剋の関係が現れます。

風水を実践する際、洛書《らくしょ》と河図《かと》を頻繁に使用することになります。特に洛書は重要で、八卦と方位の関係を、三元九運の20年間、毎年巡ってくる1年単位の年飛星、1ヶ月単位の月飛星で表すことができ、20年間の予測、1年間の予測、1ヶ月の予測と、詳細な予測が可能になります。

【ケース1】中国幼稚園児の連続無差別殺人

2010年5月、中国陝西省《せんせいしょう》の幼稚園で何者かが刃物で園児を襲い、7人が死亡、少なくとも20人が負傷する事件が起きました。同種の事件が、5月だけでなく3月、4月にも発生しており、幼稚園児の無差別殺人が5件ほど続きました。2010年は八白の年であり、子どもや若者に関する事件が起きやすいサイクルに入っています。

２０１０年５月の飛星

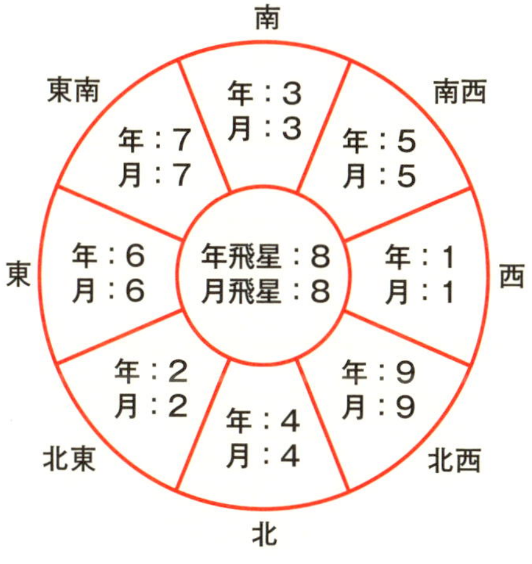

特に、2010年5月は九星に変換すると、八白（年）八白（月）となります。年盤、月盤の中宮に数字8が入りますから、子ども、若者に関する現象が世界的に起きやすくなっていたのです。（年飛星と月飛星の詳細については第6章を参照して下さい。）

2010年は庚寅《かのえとら》年です。「庚」は五行の金であり、「寅」は木ですから、金が木を切りつける年と考えます。寅は艮宮に帰属しますから、子ども（艮宮の寅）を刃物（庚）で切りつけると解釈できます。なぜこの時期に中国で事件が起きたかというと、東方位の震宮をみると2010年５月は年月ともに六白が東方位に入っていますが、中国は東アジアに属しているからです。

六白は五行の金であり東は五行の木ですから、やはり金が木を切りつけています。また、六白は後天八卦の「乾」であり、乾は「父親」であり、要するに“大人の男性”を表していますので、2010年の庚寅年は子どもの上に刃物があり、大人の男性が東方位に現れたことを象徴しているのです。

7　九星《きゅうせい》

洛書に現れる１から９までの数字を「九星《きゅうせい》」と表現します。本来、九星は八卦から生まれた概念です。八卦が九星と呼び変えて表現され、宇宙のすべては九星に当てはめることができるとされます。数字１は「一白《いっぱく》」、数字２は「二黒《じこく》」、数字３は「三碧《さんぺき》」、数字４は「四緑《しりょく》」、数字５は「五黄《ごおう》」、数字６は「六白《ろっぱく》」、数字７は「七赤《しちせき》」、数字８は「八白《はっぱく》」、数字９は「九紫《きゅうし》」です。三元九運の時代の変化により吉凶も変化します。

以下に九星の代表的な基本象意を挙げました。基本象意を学んでおくことで、詳細で創造的な風水分析が可能になります。

九星の吉凶

九星	吉凶	象意
一白	吉	神童、優秀な士業、大臣、成績優秀、名声を得る、恋愛に良い、研究者、飲食店・酒屋で利益、人間関係・お金に良い
	凶	耳の病気、性器奇形、腎臓病、膀胱病、睾丸病、尿道炎、卵巣病、子宮病、高血圧、貧血、水災、精神病、淫乱、アルコール中毒、流産、不妊、難産、自殺、夭折
二黒	吉	参謀、才女、女性の権力、養牛で利益、農業で利益、不動産で利益、建築業で利益、人間関係・お金に良い
	凶	腹病、胃腸病、脾臓病、精神病、胃癌、皮膚癌、流産、自殺、吝嗇、妻が夫の権力を奪う、陰謀に巻き込まれる、主婦の死、寡婦、人間関係・お金に悪い
三碧	吉	事業を興す、名声を得る、文才、子孫が多い、文武に権力を持つ、土木業・花屋・電化製品の販売で利益、人間関係・お金に良い
	凶	腿の病気、手の病気、肝臓病、口臭、肝臓癌、リュウマチ、神経病、獄刑、交通事故、訴訟、脊椎病、睡眠不足、好色、爆発、人間関係・お金に悪い
四緑	吉	文才、名声を得る、試験合格、賢妻を得る、容姿端麗、玉の輿、文武両道、優秀な子ども、養鶏・通信・観光業で利益、人間関係・お金に良い
	凶	股の病気、乳癌、鼻詰まり、風災、流産、精神病、夜遊び、放蕩、体臭、憂鬱症、白痴、呼吸器官の病気、人間関係・お金に悪い
五黄	吉	八方に統制が利く、富貴双全、名声を得る、医療・薬品売買で利益、人間関係・お金に良い
	凶	胃腸病、アルコール中毒、麻薬中毒、癌全般、ニコチン中毒、梅毒、淋病、痴呆、訴訟、自殺、泥棒、人間関係・お金に悪い
六白	吉	富豪、人望がある、セレブ、昇進、仕事に恵まれる、兵隊を統率する、武職で出世、養馬・宝石店で利益、人間関係・お金に良い
	凶	頭病、脳腫瘍、肺病、甲状腺、肺癌、大腸病、大腸癌、直腸病、強盗、刃物による怪我、孤独、泥棒、獄中死、老人の死、人間関係・お金に悪い
七赤	吉	優秀な子ども、医学で利益、芸能人、コミュニケーション・養羊で利益、エンターテインメント事業に良い、人間関係・お金に良い
	凶	口臭、口腔癌、肺病、乳癌、大腸病、腸癌、牢獄、淫乱、刑事事件、火災、焼死、強盗、泥棒、女泥棒、口喧嘩、スキャンダル、人間関係・お金に悪い
八白	吉	不動産で利益、忠義を尽くす、親孝行の子ども、仏学を修める、養犬で利益、富貴双全、貯蓄、長寿、人間関係・お金に良い
	凶	手の病気、指を切断、指病、頭病、脳病、鼻病、脊椎病、脾臓病、胃病、胃癌、癲癇、精神病、憂鬱病、結石、狂犬病、媚、人間関係・お金に悪い
九紫	吉	文才、試験合格、優秀な子ども、結婚、脚光を浴びる、優秀な士業、眼鏡屋・電化製品の販売・飲食店で利益、人間関係・お金に良い
	凶	目病、血液病、腸病、飛行機事故死、心臓病、焼死、感電死、自殺、流産、高血圧、夫婦喧嘩、淫乱、火災、裁判、跡継ぎなし、人間関係・お金に悪い

九星の身体部位

九星	身体部位
一白	子宮、卵巣、精液、腎臓、睾丸、耳、脊髄、血液
二黒	右手、脾臓、腹部、消化器官、肌
三碧	肝臓、左手、左足、声帯、喉
四緑	動脈、呼吸器官、太もも、食道、尻
五黄	内臓全般、癌、毒
六白	肺、頭、右足
七赤	口、歯、肺、胸部
八白	指、腕、肘、背骨、左足、鼻
九紫	頭、目、心臓

第四章　飛星《ひせい》チャート作成法

1　飛星チャート作成のステップ

前章で、風水にまつわる専門用語や理論を紹介しました。しかし、それらの深い理解は、実践的なフィールドワークを通じて得られるものです。本章では建物の飛星チャートを描き、実践的な改善方法まで示します。

まずは、以下の３つの重要情報を集めなければなりません。

① 竣工年月
② 建物の向き（坐向《ざこう》）
③ 住人の誕生日（生年月日時）

① 風水の時間サイクルで使用する「三元九運《さんげんきゅううん》」のどの運に帰属するかを確認する作業になります。例えば、1984年～2003年の間に建築された建物は、第７運の建物と呼び、第７運の前後で建物の運は変化します。同じ設計で建物の向きもまったく同じであっても、竣工年月の違いにより建物に宿る方位のエネルギーは異なり、住人にまるで違う影響を与えることとなります。

② 建物の向きは風水の専門用語で「坐向」と呼ばれます。「坐《ざ》」は建物の背面であり、「向《こう》」は建物の正面です。

風水を考慮する際、巒頭《らんとう》と理気《りき》の二側面からのアプローチが必要になりますが、坐向を決定するプロセスは巒頭を観察するプロセスでもあります。家の周りを歩き、周辺の物理的な環境を確認して方位を確定することになります。

昔の建物は一定の建築構造を持っており、「玄関の向き＝家の向き」で、建物の前後の確定は非常に簡単でした。しかし、現代では複雑な建築構造を持つ高層マンションも多く、坐向の確定は非常に難しくなっています。このステップで間違えてしまうと、以後の飛星チャートによる風水分析はすべて無意味になります。

③ 住人の誕生日は風水フィールドワークでのたいへん重要な情報になります。誕生日の使い方には主に２つの方法があります。

１つ目は、誕生日から計算した「命卦《めいか》」により、どの方位でどのエネルギーを受けやすくなるのかが予測できるようになります。例えば、命卦２の人が水星２の玄関を持つ家に住むと、命卦２以外の人よりも水星２の強い影響を受けることになります。命卦と同じ数字の山星や水星の方位を使用することで、良い影響、悪い影響が現れやすくなるからです。

２つ目は、八字《はちじ》（四柱推命《しちゅうすいめい》）の技術を使用して、誕生日からその人のベストカラーや部屋の装飾を知ることができます。また、誕生日は寝室に使う部屋を選ぶ際に有効となります。なぜなら八字（四柱推命）の運が悪いとき、悪いエネルギーを持つ部屋を寝室に使うと、問題が起こり易くなるからです。しかし、運が悪いときでも良いエネルギーを持つ部屋を使うことで大難を小難に抑えることができます。

2　坐向《ざこう》

坐向を確定する際に決め手となるのは「陰陽《いんよう》」です。多くの家は活動的な空間が前にあり、静的な空間が後ろにあります。家の前を「明堂《めいどう》」と呼び、明堂のある方位が「向《こう》」になることが多いです。どの家でも独自の陰陽があり、オープンな側面とクローズな側面が存在しています。陰陽の概念によれば、オープンは「陽《よう》」であり「向《こう》」になります。クローズは「陰《いん》」であり「坐《ざ》」になります。

建物の「陰陽」の基準となる目安は次の表のようになります。

坐	向
陰	陽
閉鎖	開放
地味	装飾
私的	公的
重	軽
寝室	居間
暗	明

建物の外側の装飾、内側の間取りを陰陽に基づいて総合判断して坐向《ざこう》を確定します。もう一つの考え方として、建築士の意図があります。建築士が設計段階でどのような家を建てようとしたのかを考慮に入れることです。例えば、後ろにアクティブな道路が走っていたとしても、美しい海の景色を「向《こう》」として設計し、道路側を「坐《ざ》」とすることはよくあります。

通常の建物であれば、坐方位に寝室や風呂など「重い」空間があり、向方位にリビングや客間など「軽い」空間があるはずです。オフィスであれば、坐方位に社長室やクロー

ゼットなどがあり、向方位にロビーや受付があるでしょう。また、外壁も坐向の判断材料になります。坐方位は地味な壁面で何の装飾もありませんが、向方位には庭があり、坐方位に比べ装飾が派手になされているはずです。

なお、マンションやアパートのユニット（各戸）の坐向は、原則として建物全体の坐向に拠ることを覚えておきましょう。ユニットごとに坐向を判断するのではありません。坐向判断は多くのフィールドワークを繰り返すにつれて容易になりますので、何度も練習する必要があります。

3　羅盤《らばん》

（1）羅盤《らばん》の測定位置

建物の前後を確定して坐向を決定できたら、次に「羅盤《らばん》」という風水専用の磁石で建物の方位を測定して記録します。

方位を測定するときは建物のオープンスペース（明堂《めいどう》）に立ち、できるだけ家から離れて立つようにします。なぜなら金属物によって羅盤の針がぶれてしまい、正確な方位を測定できなくなるからです。羅盤の針は自動車やドアノブなどに敏感に反応しますので、注意が必要です。

同様の理由から、家の中で羅盤を使って方位測定をすることはお勧めしません。家の中には針に影響を与える家具や電化製品などが多数存在し、正確な角度が測定できないからです。竣工年月による三元九運と坐向に基づき、方位から受ける影響を飛星チャートに示します。

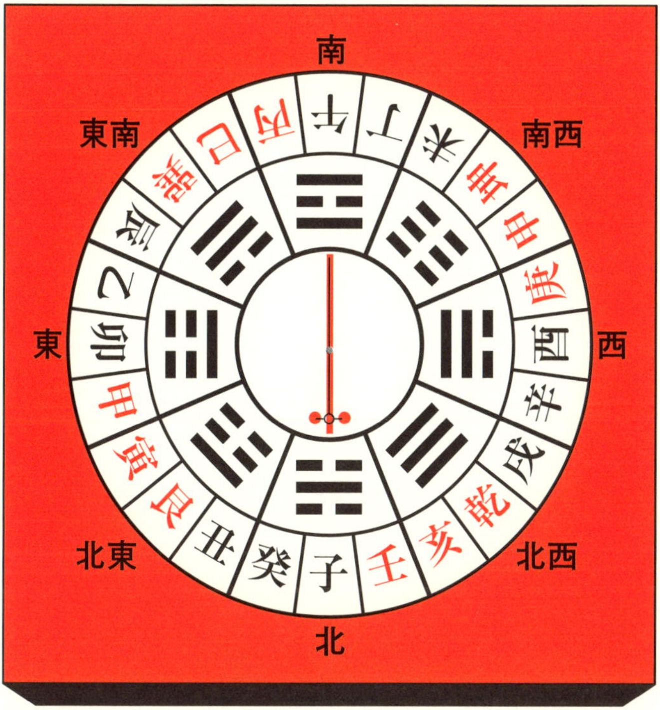
南
東南
南西
東
西
北東
北西
北
午
丁
未
坤
申
庚
酉
辛
戌
乾
亥
壬
子
癸
丑
艮
寅
甲
卯
乙
辰
巽
巳
丙

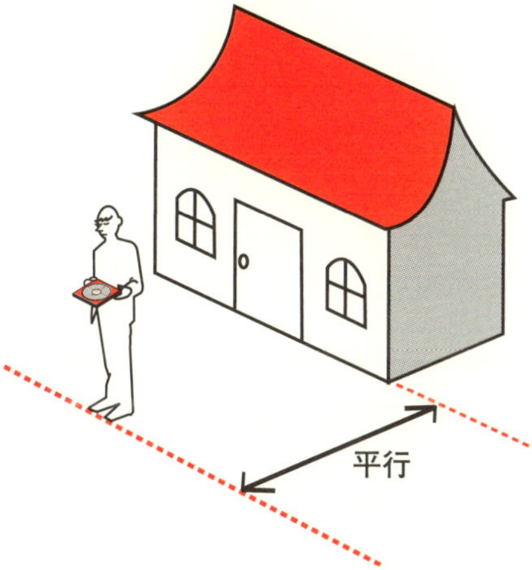
平行

羅盤で測定するときは数箇所で行うようにします。一箇所だけの測定ですと、測定角度を間違えている可能性があるからです。羅盤で測定するときは建物と平行に立ち、原則として家と反対向きに立ちます。ドアノブの金属にも反応しますので、できる限り金属反応を減らすためです。

（2）24山の測定

中国伝統風水の羅盤には、図のようにいくつもの層があります。天干《てんかん》（十干）・地支《ちし》（十二支）・八卦《はっけ》・星《ほし》などが法則に従って書かれています。用途や流派により使用する層はさまざまですが、玄空飛星《げんくうひせい》派《は》の理気では地盤《ちばん》と呼ばれる24山しか使用しません。24山は360° を24分割した「15° 」ずつの方位での測定になります。

北方位に「壬《みずのえ》・子《ね》・癸《みずのと》」が帰属します。北東方位に「丑《うし》・艮《ごん》・寅《とら》」が帰属します。東方位に「甲《きのえ》・卯《う》・乙《きのと》」が帰属します。東南方位に「辰《たつ》・巽《そん》・巳《み》」が帰属します。南方位に「丙《ひのえ》・午《うま》・丁《ひのと》」が帰属します。南西方位に「未《ひつじ》・坤《こん》・申《さる》」が帰属します。西方位に「庚《かのえ》・酉《とり》・辛《かのと》」が帰属します。北西方位に「戌《いぬ》・乾《けん》・亥《い》」が帰属します。

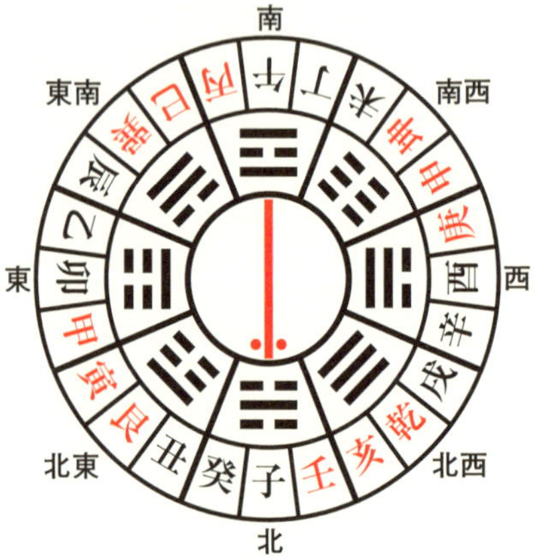

地盤２４山

建物の坐向を測定し、羅盤の針が24方位のどの方位に帰属するかを確定します。例えば、「申（南西３）」向きの建物の場合、申が向方位になり寅が坐方位になるので、「寅山申向《とらざんさるこう》」の建物と呼びます。坐方位と向方位は常に180° 反対方向になります。

羅盤で測定する場合は「天池《てんち》」という中央の磁石に注目します。

8方位	24山	角度
北	壬（北1）	337.5°　～352.5°
	子（北2）	352.5°　～7.5°
	癸（北3）	7.5°　～22.5°
北東	丑（北東1）	22.5°　～37.5°
	艮（北東2）	37.5°　～52.5°
	寅（北東3）	52.5°　～67.5°
東	甲（東1）	67.5°　～82.5°
	卯（東2）	82.5°　～97.5°
	乙（東3）	97.5°　～112.5°
東南	辰（東南1）	112.5°　～127.5°
	巽（東南2）	127.5°　～142.5°
	巳（東南3）	142.5°　～157.5°
南	丙（南1）	157.5°　～172.5°
	午（南2）	172.5°　～187.5°
	丁（南3）	187.5°　～202.5°
南西	未（南西1）	202.5°　～217.5°
	坤（南西2）	217.5°　～232.5°
	申（南西3）	232.5°　～247.5°
西	庚（西1）	247.5°　～262.5°
	酉（西2）	262.5°　～277.5°
	辛（西3）	277.5°　～292.5°
北西	戌（北西1）	292.5°　～307.5°
	乾（北西2）	307.5°　～322.5°
	亥（北西3）	322.5°　～337.5°

赤線と二つの赤点、そして針があります。赤い線は必ず北（24山の「子」方位）と南（24山の「午」方位）を指すようになっており、二つの赤点側が必ず北を指します。建物に平行に立ち、針と赤線が一致するまで羅盤をクルクルと回します。針と赤線が一致したら24山を読みます。

天池

例えば、図の羅盤の場合は手前が「乾《けん》」を指すので、坐は「乾《けん》」となり向は「巽《そん》」となります。つまり、「乾山《けんざん》巽向《そんこう》」の建物であるとわかります。

向

坐

（3）羅盤の説明

次ページの羅盤は玄空飛星派の実践用に私がデザインしたものです。風水には三元派や三合派などのさまざまな流派や技術が存在し、一般的に流派の数だけ羅盤の層も増えていくのですが、この羅盤は玄空飛星派の実践に特化した分かり易くシンプルなデザインとなっています。

内側の第一層はコピーライトです。通常は、羅盤をデザインした風水師の名前や制作会社の名前が刻まれています。本羅盤では私の英語の別名であるエドワードのデザインということが刻印されています。

第二層は先天八卦《せんてんはっけ》です。先天八卦については第３章で解説しましたが、羅盤の先天八卦の層には、魔よけの意味が込められています。風水師はイワクつきの物件やお墓を鑑定することもあるため、羅盤を携帯することがお守り代わりにもなっているのです。

第三層は洛書図《らくしょず》です。第３章で解説したように、風水の起源は黄河流域に現れた亀の甲羅に描かれた洛書図です。玄空飛星派の飛星理論も洛書図が基本となっており、風水実践の土台となる層を表しています。

第四層は45°ずつに分割された８方位（北・北東・東・東南・南・南西・西・北西）です。

第五層は替星《たいせい》です。替星は第13章で解説されています。玄空飛星派では24山を使用して方位を測定しますが、羅盤の針が方位の境目近辺を指した時にたいへん重要な概念となります。歴史上、有名な風水師である蒋大鴻《しょうたいこう》が弟子に伝えて明ら

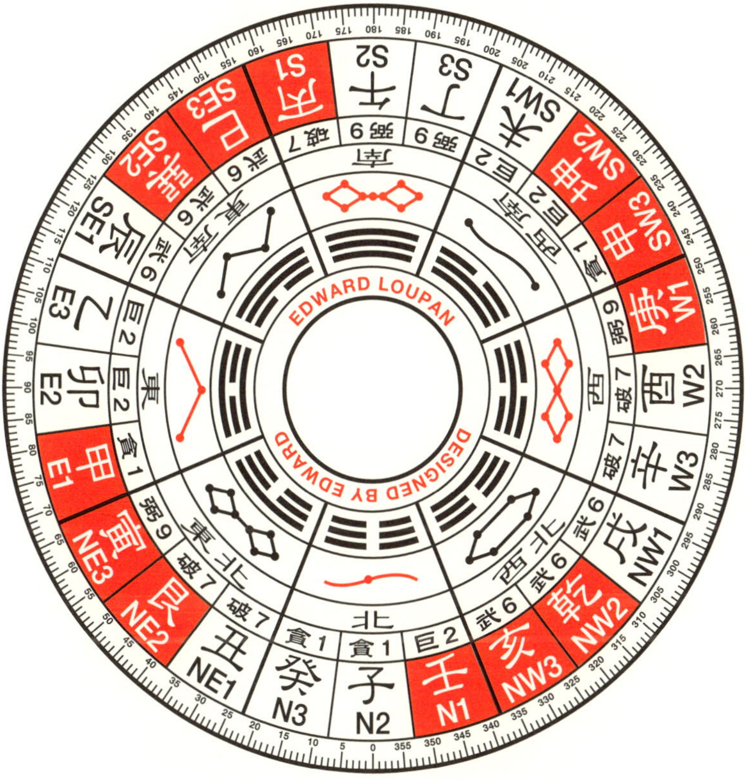

かになった秘伝の公式です。

第六層は24山（地盤）です。玄空飛星派の実践で一番重要な層になります。北、北東、東、東南、南、南西、西、北西の八方位（各45°）を、さらに三分割した15°単位の方位を使用します。この層は、唐の時代の偉大な風水師、楊《よう》筠《いん》松《しょう》によって発明されたと伝えられています。

第七層は360° の円周です。

巻末に羅盤の付録があります。坐向を測定する際、本物の羅盤を使用しなくとも、精度の良い磁石で方位測定し、どの24山になっているかを確認すれば坐向も分かり、風水鑑定は充分に可能です。また、間取り図を鑑定する際にも活躍するでしょう。

4　飛星チャート

鑑定する建物の竣工年月を調べて坐向を確定し、羅盤での坐向の方位測定が終了したら、飛星チャートの作成に入ります。

飛星チャートは、人間に例えるとレントゲン写真に相当するものであり、建物の各方位にどのようなエネルギーが存在しているかを示します。三元九運《さんげんきゅううん》の時間サイクルにより中宮《ちゅうぐう》に入る数字が決まり、そこから山星《やまぼし》と水星《みずぼし》を配置していきます。山星と水星の配置は、第３章で説明した洛書《らくしょ》の飛星法則に従って、飛星チャートを作成します。

各方位には、山星と水星と運星《うんせい》の三つの星（数字）が入ることになります。特に、山星と水星がどの数字になるかによって、風水的に良い方位なのか悪い方位なのかが分かり、各方位をどのような間取りで使用するべきかが理解できるようになります。

ここでは、第８運の子《ね》山《ざん》午《うま》向《こう》の建物で飛星チャートを作成してみましょう。

起例：第８運　子山午向

◆ステップ１：三元九運の数字を中宮に入れる

建築年月で算出した三元九運の第８運（2004年～2023年の場合）の数字８を中宮に配置します。そして、残りの１～７と９を次の順番で昇順に配置していきます。

中央→北西→西→北東→南→北→南西→東→東南

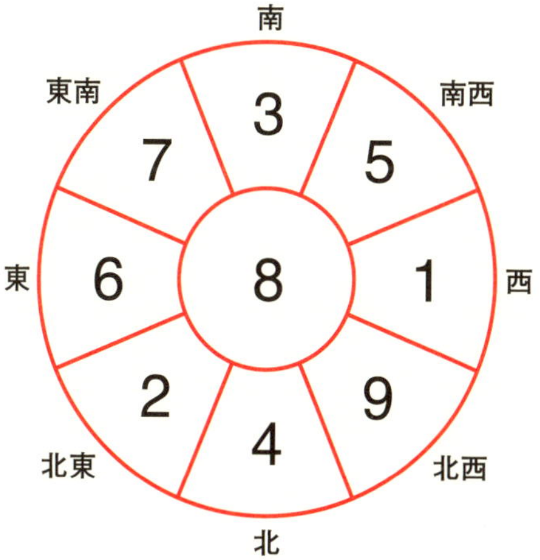

◆ステップ２：坐と向の数字を中宮に入れる

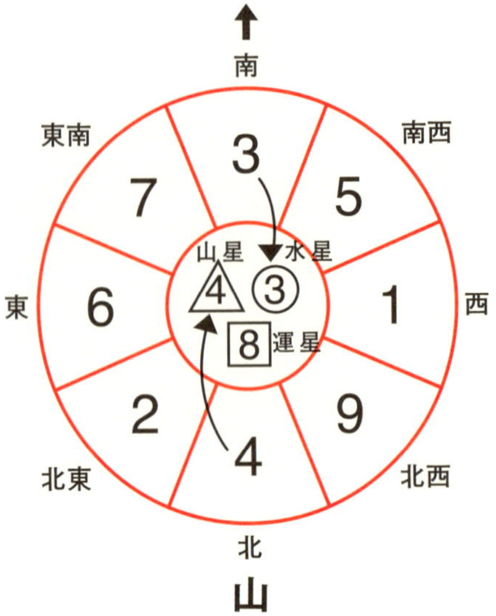

子山午向の家なので、向（南）にある３を中央の右上に配置します。同様に、坐（北）にある４を中央の左上に配置します。

この右上の３を“水星”、左上の４を“山星”、そして中央下の８を“運星”と呼びます。

◆ステップ３：水星と山星を（1）中央→（2）北西→（3）西→（4）北東→（5）南→（6）北→（7）南西→（8）東→（9）東南の順で飛星（配置）させる

しかし、飛星の仕方に注意が必要です。坐向により、数字が順行する場合と逆行する場合があるからです。水星と山星は数字が奇数か偶数かにより、それぞれの飛星の仕方が異なります。この例では水星が３で奇数、山星が４で偶数です。

また、子山午向なので南向きの建物ですが、羅盤を見ると午は南の２区分目の方位に相当します（南方位には丙・午・丁の３区分があります）。下表をご参照ください。水星３は区分の２の奇数なので逆行（降順）し、山星４は区分の２の

区分	1	2	3
奇数	順行（＋）	逆行（－）	逆行（－）
偶数	逆行（－）	順行（＋）	順行（＋）

偶数なので順行（昇順）することになります。

３は降順、４は昇順で飛星させ、次のような過程で、(1) 中央→ (2) 北西→ (3) 西→ (4) 北東→ (5) 南→ (6) 北→ (7) 南西→ (8) 東→ (9) 東南の順に数字を配置します。

（1）中央

中央に山星４・水星３が入ります。

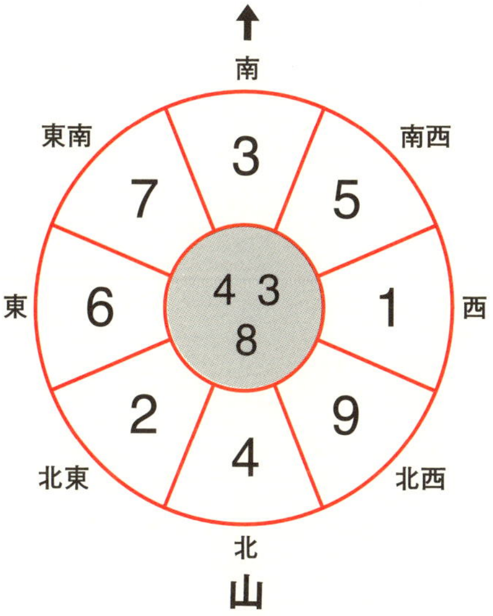

（2）北西

北西に中央の４に１を足した山星５、中央の３から１を引いた水星２が入ります。

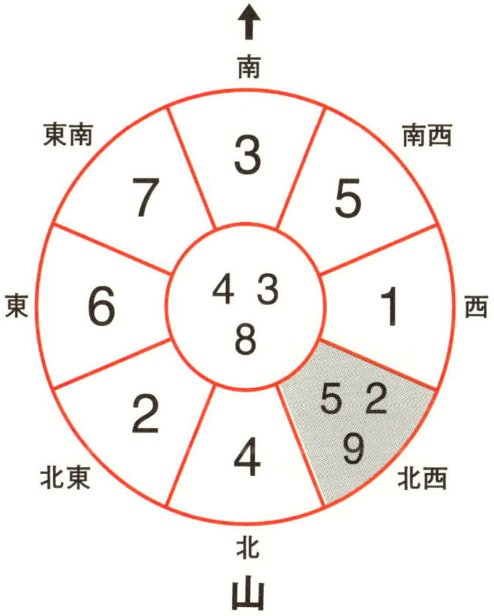

（3）西

西に山星６・水星１が入ります。

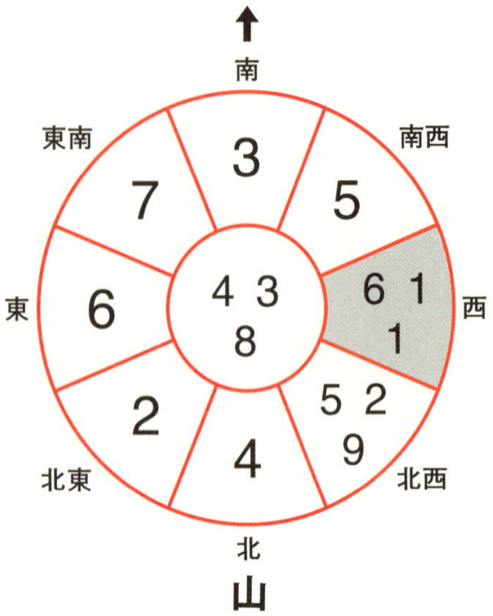

（4）北東

北東に山星７・水星９が入ります。

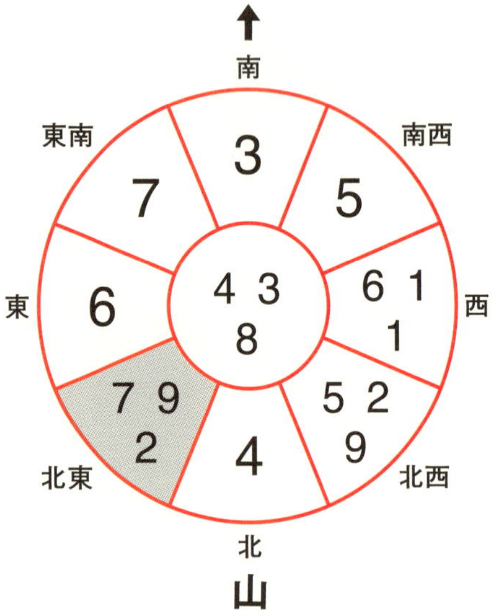

（5）南

南に山星８・水星８が入ります。

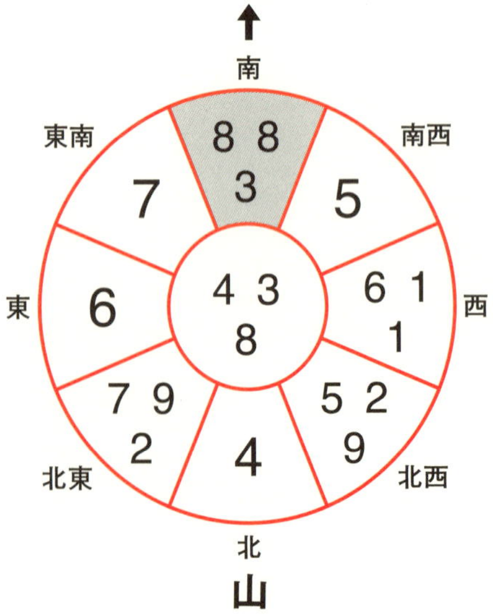

（6）北

北に山星９・水星７が入ります。

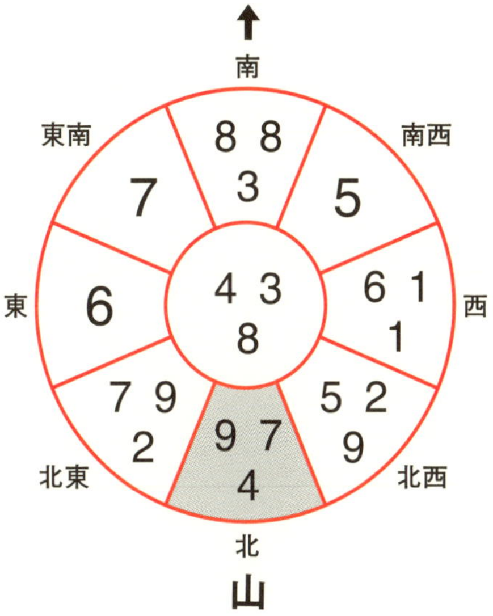

（7）南西

南西に山星１・水星６が入ります。

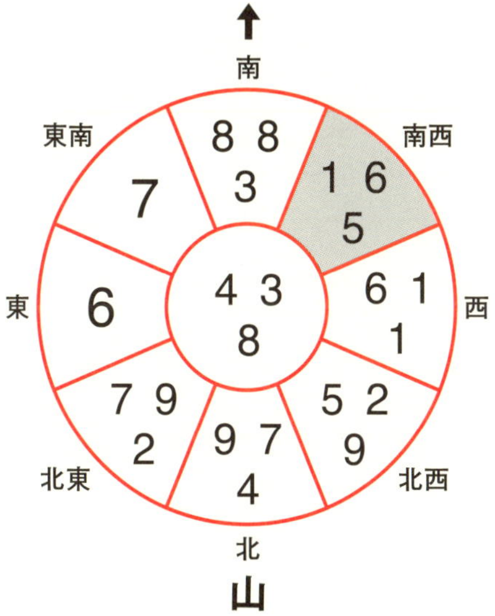

（8）東

東に山星２・水星５が入ります。

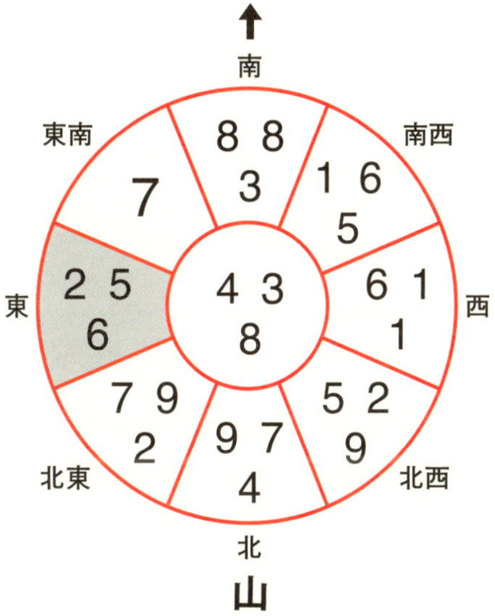

（9）東南

東南に山星３・水星４が入ります。

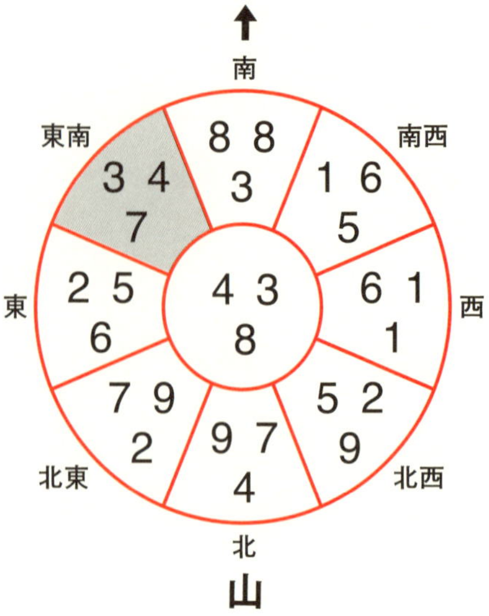

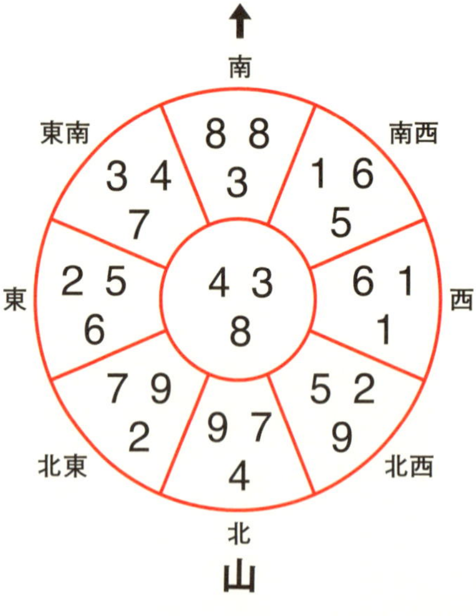

数字をすべての方位に配して第８運の子山午向の飛星チャートが完成しました。

ただし、５が中宮に入った時は例外です。５はカメレオンの数字であり、三元九運の奇数・偶数に左右されます。例えば、第８運の丑山未向《うしざんひつじこう》の建物では、中宮の水星が５になります。８が偶数ですから５も偶数とみなして未方位は南西方位の１区分目ですから、逆行（降順）で飛星させるのです。

チャートの「↑」は向方位（家の前方）を表し、「山」は坐方位（家の後方）

を表しています。各方位は以下のように読むことができます。

北方位には、山星９・水星７のエネルギーがあります。
北東方位には、山星７・水星９のエネルギーがあります。
東方位には、山星２・水星５のエネルギーがあります。
東南方位には、山星３・水星４のエネルギーがあります。
南方位には、山星８・水星８のエネルギーがあります。
南西方位には、山星１・水星６のエネルギーがあります。
西方位には、山星６・水星１のエネルギーがあります。
北西方位には、山星５・水星２のエネルギーがあります。
中央には、山星４・水星３のエネルギーがあります。

例えば、この家の玄関が東方位にある場合、玄関は流動性のあるアクティブな空間なので、水星である５が支配しますから、49ページの九星の吉凶の表により、五黄の“凶”作用が現れてきます。例えば、人間関係の悪さから訴訟に巻き込まれる可能性もありますし、また、お金面の悪さから収入が少なくなるなどが予測できます。北方位に寝室があれば、山星９が支配しますから、九紫の“吉”作用が現れてきます。例えば結婚が決まったり、恋愛に恵まれますし、また、人間面の良さから健康にも恵まれるでしょう。反対に、北西に寝室がある場合は癌のエネルギー（山星５）に支配され、健康に問題が出る可能性があります。

各方位のエネルギーを見て吉方位と凶方位が決まります。吉方位を積極的に利用し、エネルギーを活性化するようにします。また、凶方位を避ける、もしくは改善することで悪いエネルギーをカットすることができます。

5　太極《たいきょく》の位置

昔の建築様式では長方形の建物が多く、建物の重心である「太極《たいきょく》」を取ることは容易でした。しかし、現代の建築様式は非常に複雑な構造を持っており、太極を取ることが難しいケースが多々あります。

（1）太極の取り方の基本

太極は、要するに建物の重心となる点のことです。一般的な建物は長方形ですので、対角線の交点が太極となります。

また、家の形により張りや欠けがありますが、ごく小さいものは無視して太極を取ります。面積の大きさから無視できない張りや欠けの場合には、次ページのように同じ面積が過不足無くなるラインで長方形を作り、太極を取る場合もあります。

長方形

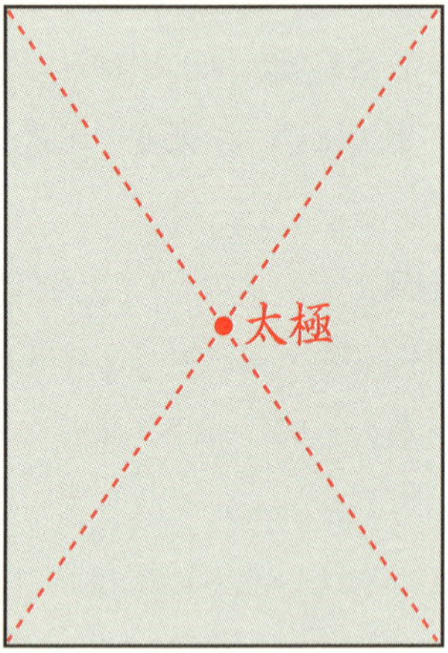

（2）複雑な形をした家の太極の取り方

現代建築は完全な長方形といった単純構造を持つことは稀です。現に、複雑な形をした間取りの家は多数存在しています。例えば、Ｌ字型やコの字型の家はその典型でしょう。

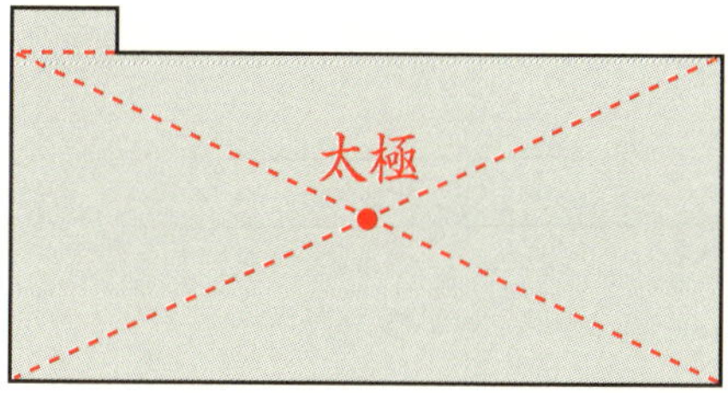

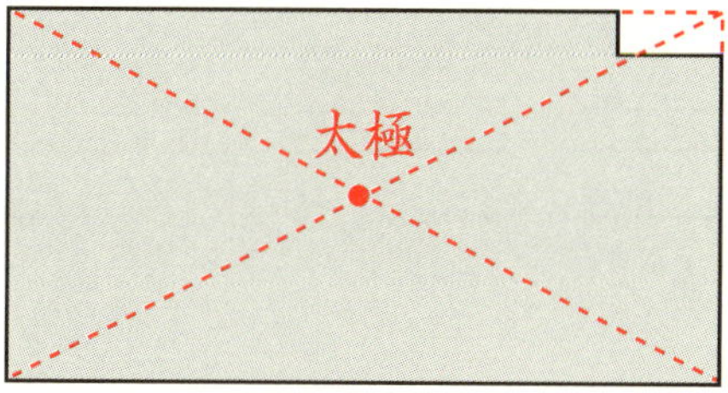

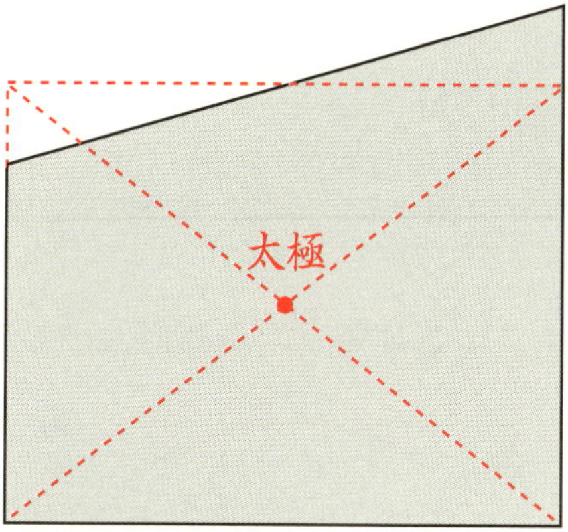

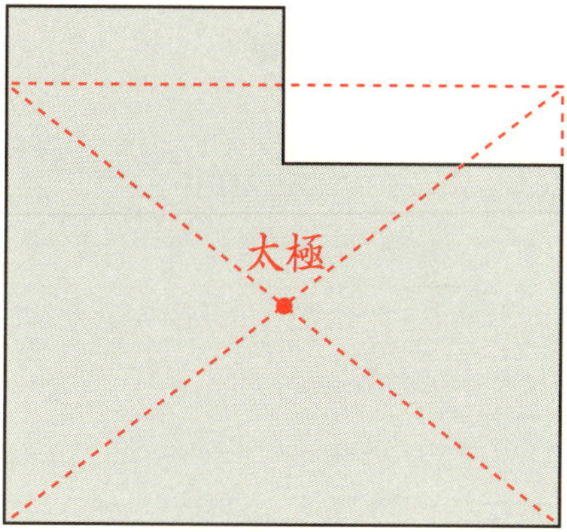

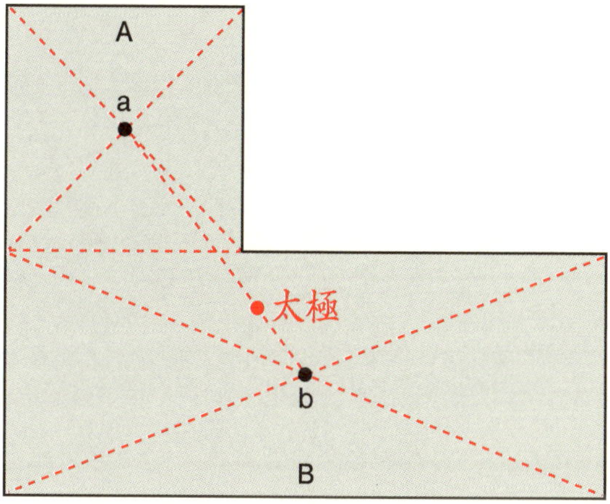

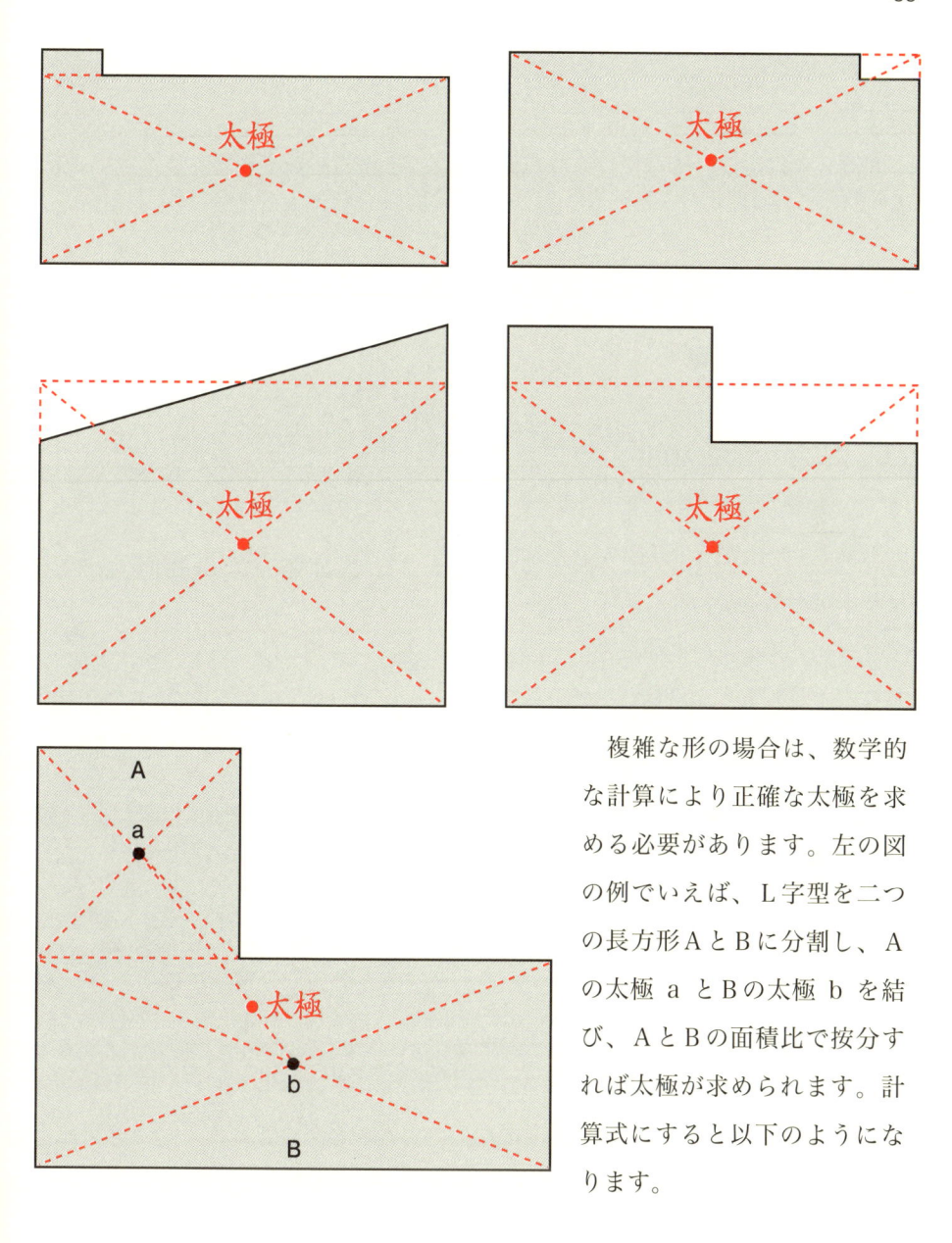

複雑な形の場合は、数学的な計算により正確な太極を求める必要があります。左の図の例でいえば、L字型を二つの長方形AとBに分割し、Aの太極 a とBの太極 b を結び、AとBの面積比で按分すれば太極が求められます。計算式にすると以下のようになります。

bから太極までの距離＝abの距離×Aの面積÷（Aの面積＋Bの面積）

太極は計算によって正確に求める必要があります。

太極を求めたら、45°ずつの八方位に飛星チャートの数字を書き込んでいきます。

6　山と水の配置

（1）山と水の配置の基本

飛星チャートが完成すると各方位の山星と水星が明らかになります。良い山星をサポートするために建物外に「山」があることが好ましく、良い水星を活性化するために建物外に「水」があることが好ましくなります。例えば、第８運では山星８・９・１の方位に山があることが好ましく、水星８・９・１の方位に水があることが好ましくなります。

第８運　未山丑向

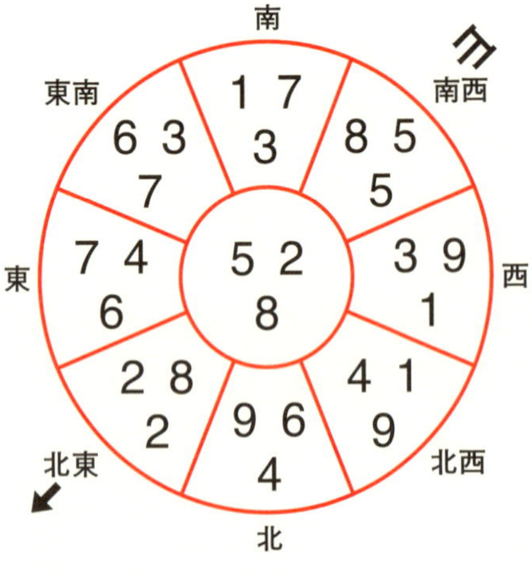

「山」は実際の山だけでなく、大きな樹木、隣の家、ビル、倉庫なども山となります。「水」は川、噴水、池、湖といった実際の水だけでなく、オープンスペース、道路も水と考えます。山星をサポートし水星を活性化するために、常に周辺環境との調和を考える必要があります。

例えば、第８運の未山丑向《ひつじざんうしこう》の飛星チャートでは、水星８・９・１の方位に水を配置して活性化させ、山星８・９・１の方位に山を配置してサポートします。

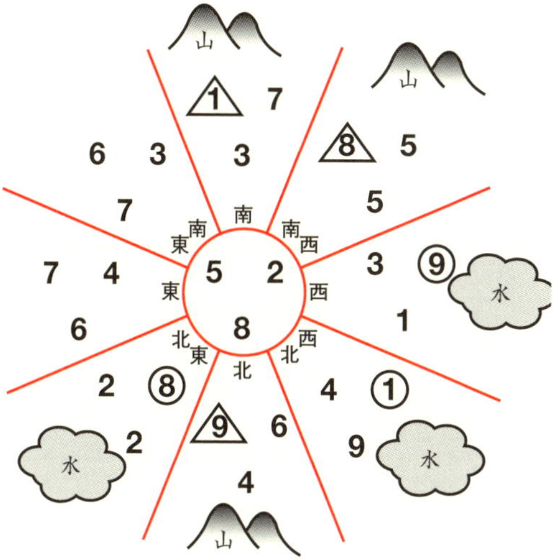

これは建物以外の山と水の配置についての説明ですが、住まいの風水を見るときはさらに建物内の配置についても見なければなりません。玄空飛星派の鑑定において、建物内で絶対に見なければならない重要な場所は、玄関、リビング、寝室です。

玄関は人の出入りがあり、常に気の流れが起きる場所です。この状態を、水星が活性化され、山星の機能が停止していると考えます。山星が水に落ちて死んでいると表現することもあります。つまり、玄関に水星８・９・１があれば、人の出入りが活性化されて経済面に良い影響が出ますが、山星８・９・１があれば水に落ちて死んでしまい、人間関係や健康に悪い影響が出ると考えます。

リビングは人の集まる場所で、いつも人の往来があるため、水星の影響が強く出ます。逆に、寝室は通常、暗く閉鎖的な空間に配置されているので、山星の影響が強くなり、水星は死んだ状態になります。

建物内ではその他にトイレ、風呂、台所などがありますが、水星８・９・１は玄関、リビング、山星８・９・１は寝室に配置されるようにし、それ以外の場所には配置されないようにします。

（2）山と水の相対性

「山」となるか「水」となるかは観察する人の状況によって異なり、相対的な判断が要求されます。

例えば、図の樹木はマンションの下の階の住人にとっては「山」と見なしますが、マンションの上の階の住人にとっては、「山」とならず、空間があると見なします。観察する人の目線により、「山」とみなしたり「水」とみなしたり、判断は異なるのです。

飛星チャートの山星をサポート、又は水星を活性化する際に、周辺環境の「砂」となるオブジェが「山」となるか「水」となるかを常に考える必要があります。

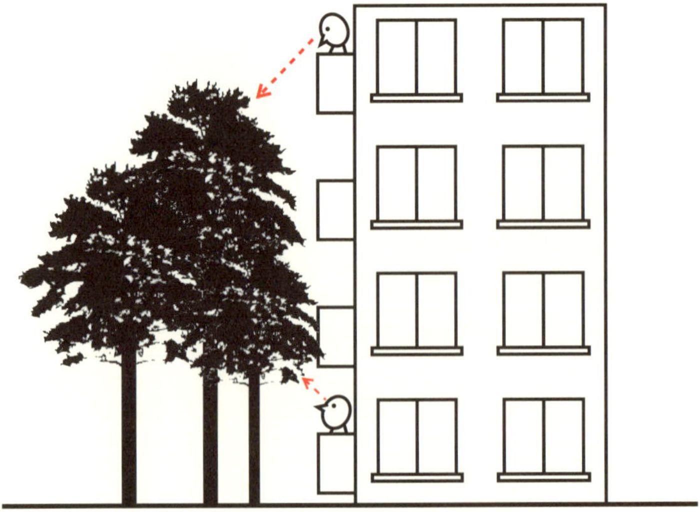

7　山星《やまぼし》と水星《みずぼし》の組み合わせ

目に見えない抽象的な力を読むのは、結局、山星と水星をいかに解釈し活用するかにかかっています。各方位の山星と水星の二つの数字の組み合わせにより、単独の九星では見られなかった特有の象意が現れてくるからです。三元九運による数字の盛衰に合わせて、象意にも吉凶が現れてきます。

また、山星と水星のみならず、後の章で説明する年飛星や月飛星との組み合わせによっても特有の象意が現れますので、三元九運のサイクルに合わせて各星を柔軟に読んでいく必要があります。

星の組み合わせに関しては、流派により解釈が異なっているようですが、ここでは伝統風水の古典『紫白訣《しはくけつ》』、『玄機賦《げんきふ》』などに記載されている代表的な象意、そして現代に適応する解釈例を紹介します。

ここで紹介する組み合わせの象意は記憶しておくべき特有のものもありますが、原則として２つの九星のそれぞれの意味と五行のサイクルで導き出せるので、無理に記憶する必要はありません。

例えば、１と２の組み合わせは、２（女性）が１（男性）を剋していますので、「男性に不利である」と判断できます。男性を剋す強い女性ですので、男女関係が円滑ではないことが予想され、夫婦関係に亀裂が走ることは容易に想像できます。

２と５は悲劇的な組み合わせです。『紫白訣《しはくけつ》』には、「二五交加、罹死亡並生疾病（二と五が出会うと死亡または病気にかかる）」とあります。病気（２）と災いの引き金（5）の組み合わせですから、健康を含め、災いの引き金となる恐れがあり、最も注意すべき組み合わせです。５と５は、山星と水星の組み合わせはありませんが、年飛星との組み合わせで現れます。この組み合わせも、２と５の象意に準じています。

三元九運の時間サイクルにより良い象意も現れますし、悪い象意も現れます。２つの九星の組み合わせは、どちらが山星でどちらが水星になるかにも注意します。５と９には悪い象意しか書かれていませんが、玄関の方位の水星９と山星５の組み合わせであれば、玄関を人が出入りすることにより、水星９が活性化されますので、第８運の間はお金に強く、良い象意が強く出てくると解釈します。

このように九星の意味をしっかり把握しておけば、五行のサイクルと三元九運を合わせることで豊富な判断が可能になります。

組み合わせ	主な象意
1－1	学問的成功、高血圧、耳病、同性愛
1－2	離婚・別れ、腎臓・循環器・血液・耳の病気、流産
1－3	健康や財に吉（命卦３の人、長男）、ゴシップ、法律問題、肝臓病、耳鳴り
1－4	女性の恋愛に良い、芸術、クリエイティブ、学問的成功、名声
1－5	食中毒、子宮癌、白血病、流産、薬物の問題、間違えた薬を投与
1－6	権力、学問的成功、ビジネスで成功、腎結石、脳出血、子宮下垂
1－7	若い容姿、恋愛、財を得やすい、アルコール中毒・ドラッグ中毒・タバコ中毒
1－8	芸術や学問で成功、昇進、腎臓・循環器・血液・耳の病気、尿管結石、精神病
1－9	財や妊娠に吉、目や心臓の問題
2－2	不動産収入、警察や軍事に吉、病気、孤独、未亡人、レズビアン
2－3	夫婦喧嘩、論争、法的問題、事故、ギャンブル、アルコール中毒
2－4	男性の恋愛に良い、女性の自殺
2－5	災害、悲劇、論争、痛み、感染、癌
2－6	頭・肺の問題、アルツハイマー
2－7	女性が産まれやすい、口・歯・顎・胸部の病気、暴力、火事、服毒自殺
2－8	不動産収入、骨・筋肉の問題
2－9	文筆、不動産収入、愚人、妊娠に悪い、流産、ダウン症、火遊び、胃腸の問題
3－3	名声、犯罪的活動、肝臓病、手足の怪我、裁判
3－4	家族の和合、男性が産まれやすい、精神に異常、ゴシップ雑誌
3－5	足・喉・甲状腺・神経系統の問題、肝臓癌、精神病
3－6	左手・足・喉・甲状腺・神経系統の問題
3－7	泥棒、契約上の裏切り、健康に問題
3－8	文筆で名声、子どもの怪我、流産、妊娠に問題、骨・脊髄・手・足に問題
3－9	聡明なこども、反抗的、目の問題、書類の問題
4－4	学問や文筆で成功、ナイトクラブ・画廊・美容産業に吉
4－5	背中・太腿・尻の問題、肌の異常、リュウマチ、乳癌
4－6	妊娠に問題が出やすい、足・尻・骨盤の問題
4－7	エンターテイメント、女性の権力、風俗産業、早死
4－8	子どもの怪我、流産、児童虐待、骨・脊髄・手・腕に問題
4－9	聡明な子ども、学問・芸術に吉
5－5	災害、悲劇、論争、痛み
5－6	頭や肺の病気・事故、肺炎、痴呆症
5－7	口・歯・胸部の病気、盗難、いじめ、裏切り
5－8	子どもの病気、骨・筋肉の問題、関節炎、胃癌
5－9	喧嘩、裏切り、痛み、事故、目や心臓の病気
6－6	政府関係の仕事、権力闘争、刃物による怪我、事故
6－7	怪我、事故、争い
6－8	富貴、頭・骨の痛み
6－9	頭や肺の異常、反抗的な子ども、主人に問題が起こる
7－7	詐欺、横領、裏切り、暴行、泥棒
7－8	財運に吉、昇進、家族の和合
7－9	男性が魅力的になる、主人の不在、歯・歯茎・顎・胸部の問題、火事
8－8	不動産運に吉、学問的成功、名声
8－9	喜び、大富豪、政府高官、胃腸の問題
9－9	喜び、昇進、文章で名声を得る、目・心臓の問題

8　“五行《ごぎょう》”による飛星活用法

改善は状況に応じて何種類か考えることができます。主に使用する改善法は、五行の「相生サイクル・相剋サイクル・相洩サイクル」、そして、「比肩」を用いるものです。相生サイクルを使用することを「生入《せいにゅう》」、相剋サイクルは「剋入《こくにゅう》」、相洩サイクルを「生出《せいしゅつ》」と言います。また、「剋出《こくしゅつ》」と言い、剋させることでエネルギーを弱める方法もあります。例えば、水星７を弱めるために五行の「木」を用います。金は木を剋すためにエネルギーを消耗します。

水星はロビーや玄関、リビング、会議室など明るく、軽く、開放的な空間に配置し、第８運にパワフルな水星８・水星９・水星１を配置するようにします。山星には寝室や書斎を配置し、山星８・山星９・山星１を配置するようにします。例えば、第８運で最もお金に強い星は水星８（土）ですが、「火生土」の「相生サイクル」を使用しても良いですし、「木剋土」の「相剋サイクル」を使用して強めることもできます。

悪い水星の場合には影響を弱める必要があるので、通常は「相洩サイクル」を使用して洩らして弱めます。例えば、玄関に水星５が入っているときは、５（土）を弱めるために五行の「金」による改善が必要になります。風水では一般的にウィンドチャイム（鉄製の風鈴）を吊り下げて土の勢いを弱めます。

五行による改善公式

五行	数字	強める五行	弱める五行
木	3・4	木（比肩）・水（生入）・金（剋入）	火（生出）・土（剋出）
火	9	火（比肩）・木（生入）・水（剋入）	土（生出）・金（剋出）
土	2・5・8	土（比肩）・火（生入）・木（剋入）	金（生出）・水（剋出）
金	6・7	金（比肩）・土（生入）・火（剋入）	水（生出）・木（剋出）
水	1	水（比肩）・金（生入）・土（剋入）	木（生出）・火（剋出）

代表的な五行の改善アイテム

五行	改善アイテム	改善色
木	観葉植物、樹木、三本の竹	青色・緑色
火	赤い絨毯、ランプ	赤色・紫色
土	陶器製の品物	黄色・橙色
金	ウィンドチャイム（鉄風鈴）、ブロンズ像	金色・銀色・白色・ベージュ
水	水槽、噴水、食塩水	黒色・紺色

第８運（2004年～2023年）では、８・９・１は吉の数字になるので主に改善する数字は、２・３・４・５・６・７の凶の数字です。

２は「金」または「水」で改善しますので、ブロンズ像や食塩水（風水では「安忍水《あんにんすい》」という）を配置しますが、「六帝古銭《ろくていこせん》」（下の写真を参照）という風水アイテムも良いでしょう。

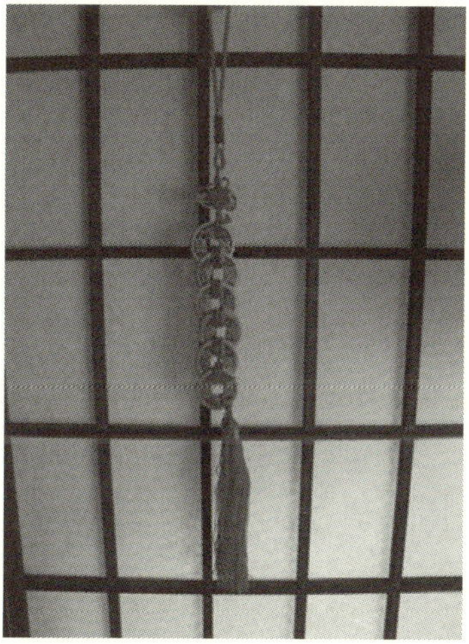

３・４は「火」または「土」で改善しますので、赤色の陶器を配置すると良いでしょう。５は「金」または「水」で改善しますので、鉄製の風鈴を吊り下げる、または食塩水を置くと良いでしょう。６・７は「水」または「木」で改善しますので、長方形のガラス容器に水を入れ、１本または３本の木を入れます。「木」は水で育つ竹を入れると良いでしょう。

9　“象徴《しょうちょう》”による飛星活用法

風水の改善には、五行の他に「象徴《しょうちょう》」を使用する改善法も存在します。水星８の空間に動的なオブジェ（象徴）を配置することで、経済的側面を活性化することができます。例えば、TV、水槽、エアコン、振り子時計など動きのあるインテリアです。また、山星８の空間には、大きく動かない静的なタンスなどの家具を配置することで人間関係や健康面をサポートすることができます。

飛星チャートにはサイクルの「運星」も含まれています。運星は山星と水星ほどではありませんが、その影響を考える特殊な場面があります。運星を使う特殊な場面については第13章に書かれていますが、この段階では飛星チャートは山星と水星の改善が原則であると考えてください。

山星・水星の五行や象徴を用いた改善に加え運星の解釈も加わってくると、最初のうちはどの数字をどのようにコントロールすれば良いか混乱するかもしれません。しかし、実践を繰り返すにつれ混乱は解消されます。どの改善法を選択すれば良いのか自ずと分かってくると思います。

第８運　戊山辰向

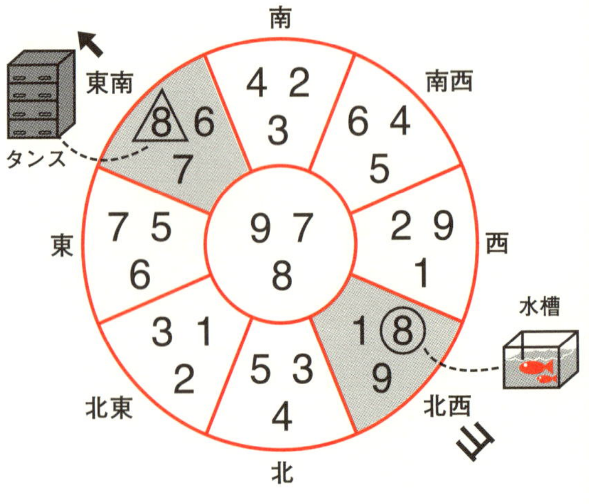

10　“命卦《めいか》”を用いた飛星チャート分析法

第３章で説明した命卦は、風水分析において非常に重要な役割を果たしています。命卦と山星と水星の数字が一致する場所を使用するときには、効果が増幅して現れます。すなわち、良い影響も悪い影響も効果が強まって現れることになりますので、特に悪い影響の場合には注意しなければなりません。

例えば、現在の第８運（2004年～2023年）に、命卦・坤（２）と艮（８）の人が、第７運の乙山《きのとざん》辛向《かのとこう》の建物（玄関が南西方位、寝室が北東方位）に住んでいる場合を考えてみましょう。

前述のように、玄関は人通りがあるので山星８は水に落ちて死んでいます。山星が水に落ちると健康や人間関係に悪い影響が出ます。山星８が死ぬと命卦・艮（８）の人は特に影響を受けてしまいます。また、８には若者や子どもの意味があるので、この建物に子どもが住んでいる場合は、子どもに怪我など起きやすくなるでしょう。

また、命卦・坤（２）の人が山星２のある北東方位を寝室として使っている場合、特に健康面に悪い影響が出ます。２には消化器や腹部の意味がありますので、胃腸などに問題が出ると予測できます。

第７運　乙山辛向

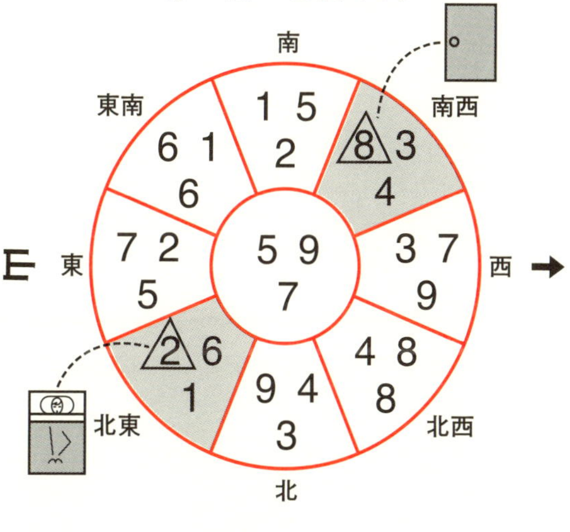

第五章　飛星チャート格局

1　四大格局《よんだいかっきょく》

飛星チャートを作成していくと、大きく４つのタイプが存在することが分かります。４つのタイプとは、旺山旺水《おうざんおうすい》、双星会坐《そうせいかいざ》、双星会向《そうせいかいこう》、上山下水《じょうざんげすい》と言われ、“四大格局《よんだいかっきょく》”とされています。この４タイプの飛星チャートは風水での「人」と「お金」の吉凶を表します。

飛星チャートはこの四大格局のいずれかに必ず属することになります。飛星チャートを作成し、四大格局に属さないチャートが現れたら、それは間違えている証拠ですので見直して下さい。

それでは、第８運の建物を例にして四大格局を見ましょう。

（1）旺山旺水《おうざんおうすい》

例：第８運　亥山巳向

旺山旺水《おうざんおうすい》は、向に水星８、坐に山星８が入るチャートです。このタイプは「人」と「お金」に強いチャートになります。

なお、第８運の飛星チャートには、亥山巳向《いざんみこう》に加え、巳山亥向《みざんいこう》、乾山巽向《けんざんそんこう》、巽山乾向《そんざんけんこう》、未山丑向《ひつじざんうしこう》、丑山未向《うしざんひつじこう》の合計６つの旺山旺水《おうざんおうすい》の飛星チャートが存在しています。この６つの中で、亥山巳向と乾山巽向の飛星チャートは、第８運で最も良いチャートとなっています。

なぜなら、東南方位の水星８と南方位の水星３が河図の関係になっており、東方位の水星９と北東方位の水星４も河図の関係になっているからです。例えば、南や北東に玄関を配置した場合、それぞれの方位で凶星の水星３と水星４の影響が出るはずです。しかし水星３のある南に玄関を配置しても水星３は東南の水星８と河図の関係で結びつくことにより、水星３は水星８と同じ効果を発揮します。同様の理由により、水星４は水星９と同じ効果を発揮するのです。また、南西は水星１ですから、北東、東、東南、南、南西のどの方位に玄関を配置しても、水星８・９・１の効果が得られることになるのです。

第８運　亥山巳向

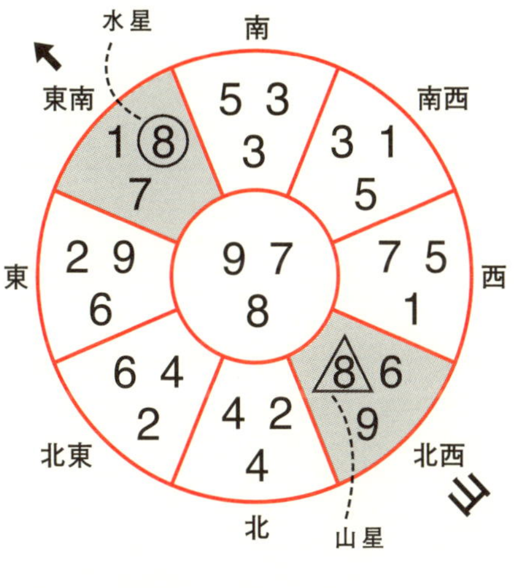

（２）双星会坐《そうせいかいざ》

例：第８運　午山子向

双星会坐《そうせいかいざ》は、坐に水星８と山星８が入るチャートです。山星８は坐に入っており良いのですが、本来、向（水）に入るべき水星８が坐（山）にありますので、水星が活かされていない状態です。このタイプは「人」に強く、「お金」に弱いタイプです。

しかし、双星会坐の飛星チャートにも、旺山旺水《おうざんおうすい》と同様、「人」と「お金」に強いチャートが存在することに注意が必要です。本来、この飛星チャートは双星会坐ですが、向に水星９が入っています。第８運における水星９は、水星８に準じて強力な数字ですから、坐の山星８と旺山旺水にも似た効果を発揮しています。

第７運の丙山《ひのえざん》壬向《みずのえこう》の飛星チャートなども、この例と同様に旺山旺水のチャートに準じていると考えます。双星会坐にも、人とお金の両方に強い飛星チャートがあることは覚えておきましょう。

第８運　午山子向

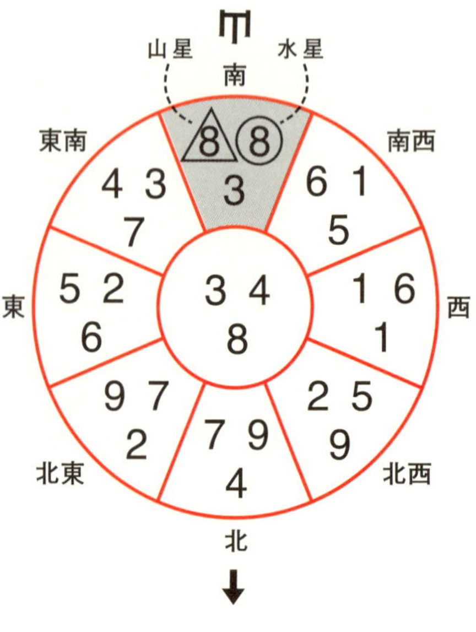

（３）双星会向《そうせいかいこう》

例：第８運　庚山甲向

双星会向《そうせいかいこう》は、向に水星８と山星８が入るチャートです。水星８は向に入り良いのですが、本来、坐（山）に入るべき山星８が向（水）にありますので、山星が活かされていない状態です。このタイプは「お金」に強く、「人」に弱いタイプです。

第８運　庚山甲向

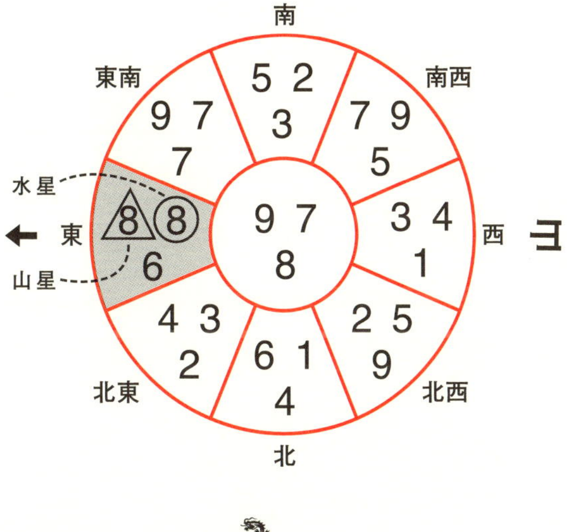

（４）上山下水《じょうざんげすい》

例：第８運　寅山申向

上山下水《じょうざんげすい》は、向に山星８と坐に水星８が入るチャートです。旺山旺水《おうざんおうすい》と正反対のチャートであり、水星８、山星８ともに、本来入るべき方位にありませんので、山星８と水星８が活かされていない状態です。このタイプは「お金」と「人」の両方に弱いタイプです。

しかし、この例は「上山下水」に加えて「父母三盤卦《ふぼさんばんか》」という特殊格局になっており、ケースによってはたいへん良い効果を生む場合が存在します。父母三盤卦に関しては後の説明を参照して下さい。

第８運　寅山申向

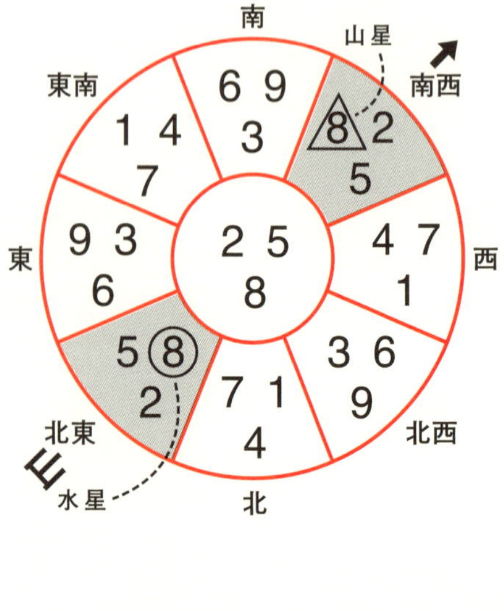

2　四大格局《よんだいかっきょく》の合局条件《ごうきょくじょうけん》

玄空飛星派の四大格局にはそれぞれ巒頭（地理）による合局条件《ごうきょくじょうけん》があります。合局とは、建物周りの環境（山と水）が、理想的な場所に配置された風水になることです。

例えば、第８運の寅山申向の建物は四大格局の「上山下水」となりますので、建物前方に山、後方に水があることで風水が合局することになります。

しかし、三元九運に伴って方位の吉凶が変化していくため、この合局条件は常に正しいとは限りません。例えば、第６運の艮山坤向《ごんざんこんこう》の建物は飛星チャートの「旺山旺水《おうざんおうすい》」の建物になりますので、前方に水、後方に山があることが好まれ、第６運の間は水星６が活性化され、また山星６がサポートを受けることになり、合局条件を満たしています。

山星	水星	格局名称	合局条件
陰	陰	旺山旺水	後方に山、前方に水・オープンスペースがある。
陰	陽	双星会坐	前方が平坦、後方に水があり、その外側に山がある。
陽	陰	双星会向	前面に水・オープンスペースがあり、その外側に山がある。
陽	陽	上山下水	前方に山、後方に水がある。

第６運　艮山坤向

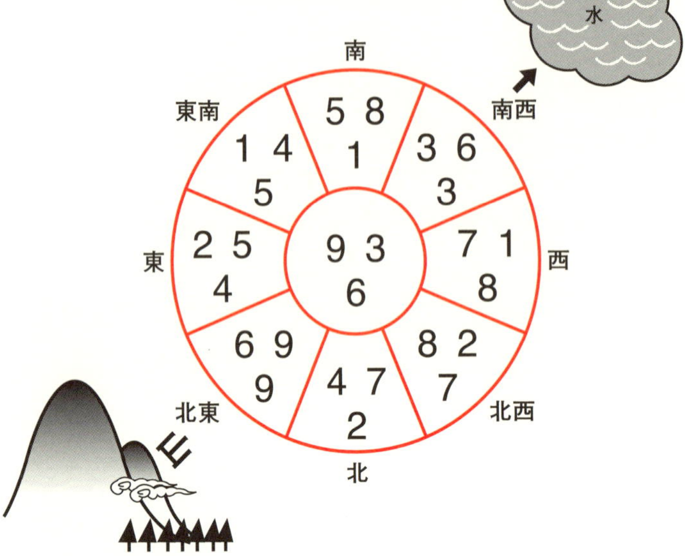

しかし、第８運の今はどうでしょうか？　向方位の水によって水星６が活性化されますが、６は退気ですので法律問題が起きる可能性もありますし、肺の病気にかかる可能性もあります。坐方位の山は、第８運に生気となる水星９を殺しています。したがって、この合局条件を判断する際は、建物の竣工年月と三元九運を注意深く検討しなければなりません。

【ケース2】香港上海銀行《ほんこんしゃんはいぎんこう》（HSBC）の風水

香港上海銀行は、父母山《ふぼさん》であるビクトリアピークからのエネルギーが流れ込む龍穴に位置しています。龍穴とは、走ってきた龍が止まる場所で、エネルギーがもっとも強い場所といわれています。

香港上海銀行の左手側にはスターチャータード銀行、右手側には旧中国銀行のビルディングが聳《そび》え立ち、青龍砂、白虎砂の条件が揃っています。前方にはスターチュースクエア広場があり、明堂条件も吉です。伝統風水の巒頭派では合格の風水と言えるでしょう。

次に玄空飛星派の理気を検討してみます。

香港上海銀行は第７運に建設された午山子向《うまざんねこう》のビルです。向である北方位に山星７と水星７が入る「双星会向《そうせいかいこう》」になりますので、「お金」に強い反面、「人」に弱いビルになります。

明堂となるスターチュースクエア広場には綺麗な水が流れており、さらに水星７を活性化して経済的繁栄を強化していますが、山星のサポートがありません。双星会向の合局条件によれば、人の問題を改善するには前方に山が必要となりますが銀行前には適当な山が存在しません。第７運（1984年～2003年）は銀行内部での人間関係に問題が出たかもしれません。

それでは第８運（2004年～2023年）はどうでしょうか？　建物１階は、北方位と南方位の両方から出入りできるような吹き抜けになっており、常に南方位の水星８は活性化されています。

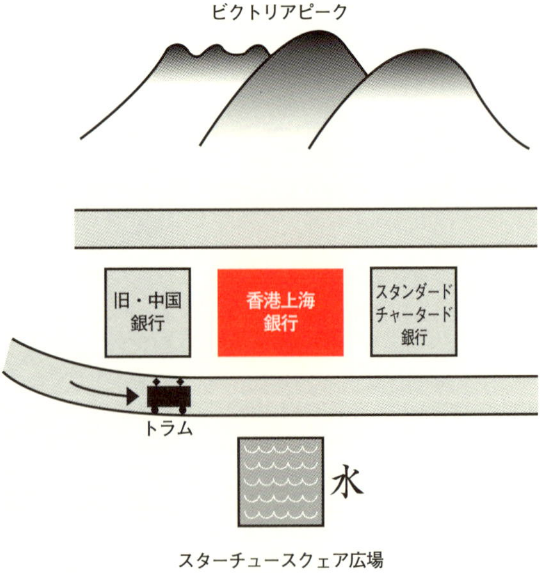

水星８のある南方位には道路があり、常に人や自動車の往来がありますので、第８運も経済的繁栄がのぞめる建築となっています。背後にビクトリアピークがあり、南西方位の山星８をサポートするので、第８運の期間は銀行内部

の人間関係の調和も見られるでしょう。

香港上海銀行がさらに素晴らしいとされるのは、第９運（2024年～2043年）の経済的繁栄も予測できることです。香港上海銀行の前方には北東方位からトラム（路面電車）がゆっくりと走ってきています。トラムは水星９を活性化します。現在の第８運も、水星９は経済面を活性化させる強力な数字ですから第８運の経済面にも大きな繁栄をもたらしてくれます。

第７運　午山子向

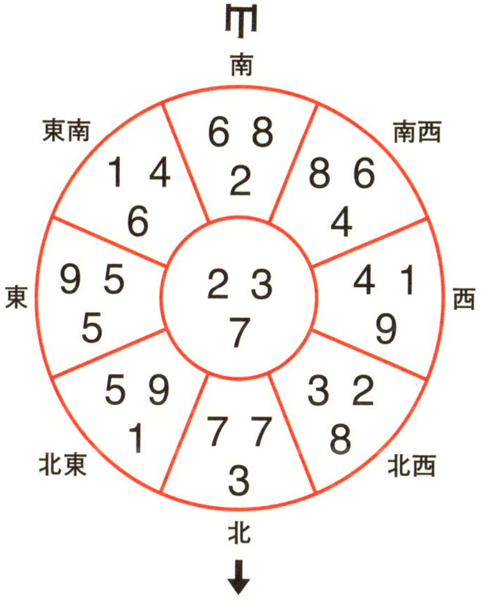

3　特殊格局《とくしゅかっきょく》

（1）連珠三盤卦《れんじゅさんばんか》

玄空飛星派の風水書では、必ず「連珠三盤卦《れんじゅさんばんか》」が特殊な格局として紹介されています。良い格局であると説明する風水師もいれば、逆に良くない格局であると説明する風水師もいて見解が定まっていません。しかし、私の今までの観察結果では、連珠三盤卦の飛星チャートは良い格局とは思えません。

連珠三盤卦は九宮のすべてが、「山星→運星→水星」、または「水星→運星→山星」の順に、数字が連続しているチャートです。例えば、第５運の巽山乾向の飛星チャートでは九宮のすべての山星・運星・水星が連続した数字で構成されています。

南西方位には上元の数字が集まっていますが、中元、下元の数字は入っていません。このようなチャートは飛星に偏りがあり、エネルギーバランスは悪いのです。

第５運　巽山乾向

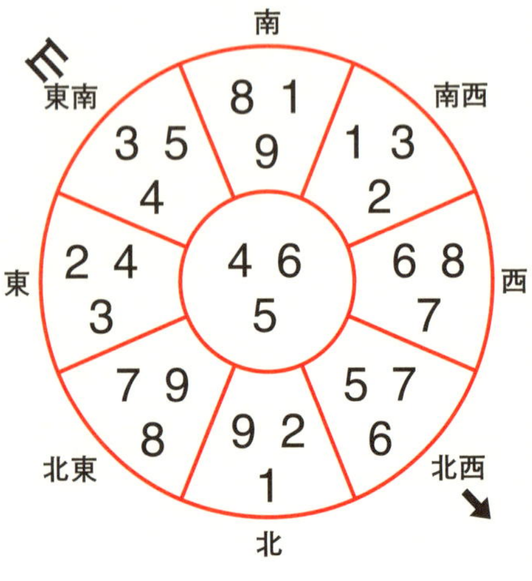

（2）父母三盤卦《ふぼさんばんか》

父母三盤卦《ふぼさんばんか》も、必ず特別な格局として紹介される飛星チャートです。父母三盤卦の特徴は、九宮のすべてに、三元九運の上元、中元、下元の数字が1つずつ配されていることです。

例えば、第８運の艮山坤向《ごんざんこんこう》の飛星チャートの西方位には、上元の１、中元の４、下元の７が含まれています。

第８運に力のある数字は、８・９・１です。どの宮にも必ず１つ８・９・１のどれかが含まれています。第９運に力のある数字は、９・１・２です。どの宮にも必ず１つ９・１・２のどれかが含まれています。つまり、三元九運のどの運においても、各方位に常に力のある数字が含まれるため、非常にパワフルな影響をもたらすとされます。

しかし、パワフルな影響は周辺環境の巒頭《らんとう》との関連性（四大格局の合局条件）、そして建物の間取りとの関連性に左右されるので、父母三盤卦の飛星チャートだからといって必ずしも良い風水になるとは限らないことに注意が必要です。

第８運　艮山坤向

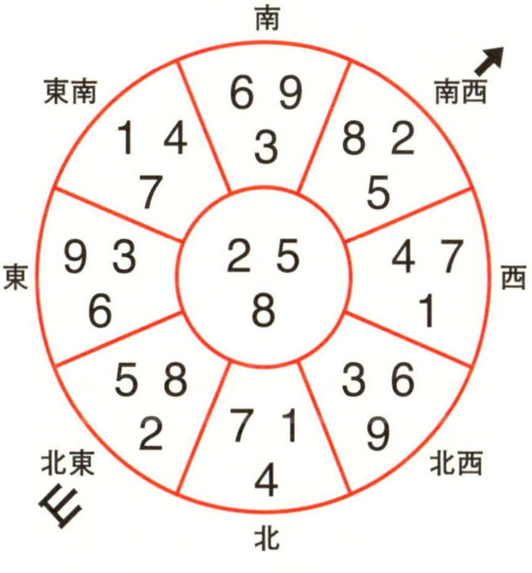

（3）入囚《にゅうしょう》

入囚《にゅうしょう》とは、中宮の山星または水星のどちらかが、三元九運の数字と同じ数字になる飛星チャートです。入囚すると20年間、人またはお金に関する運が封じ込められてロックされた状態になります。

例えば、第６運の卯山酉向《うざんとりこう》の飛星チャートは中宮に水星８があります。水星８は第８運に最も強力な数字ですが、中宮にあるため第８運の20年間は水星８のパワーが封じられている状態です。

山星が入囚する建物は、人間面にロックがかかり、生命の危機・健康の悪化・人間関係のトラブル・訴訟などが起こると予測します。また、中宮に水星８が入る建物は第８運の20年間、水星が入囚し、経済面にロックがかかるため、職業を失って収入に問題が生じるなど悪い影響を受けます。

第6運　卯山酉向

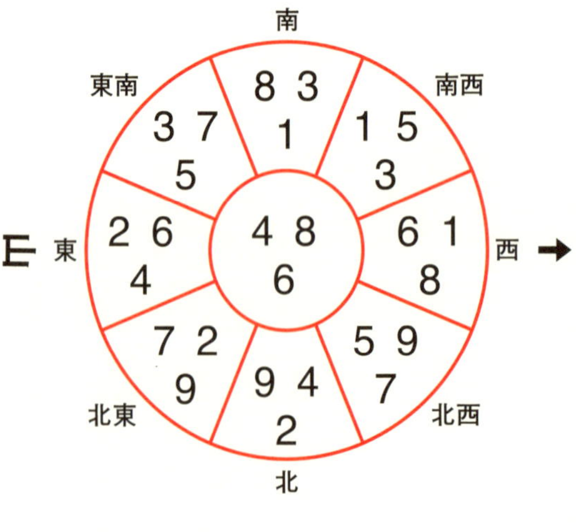

（4）合十《ごうじゅう》

合十《ごうじゅう》は特別な幸運のチャートと考えられています。九宮のすべてで、運星と山星、または、運星と水星の合計が10になる飛星チャートです。運星と山星の合計が10になるとき、「人」に良いチャートとなります。運星と水星の合計が10になるとき、「お金」に良いチャートとなります。

例えば、第７運の子山午向《ねざんうまこう》の飛星チャートは、九宮のすべてで運星と山星の合計が10になっています。これは、「人」の運に良いチャートとなります。

第７運　子山午向

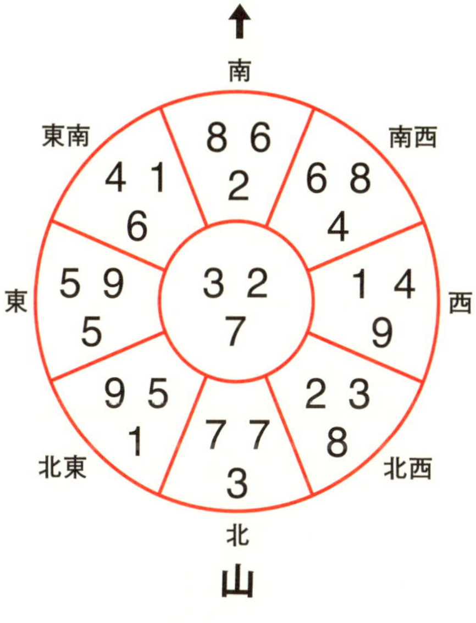

(5) 伏吟《ふくぎん》・反吟《はんぎん》

伏吟《ふくぎん》と反吟《はんぎん》の飛星チャートとは、中宮の山星または水星が5となるチャートです。5が順行するチャートを伏吟《ふくぎん》と言い、逆行するチャートを反吟《はんぎん》と言います。伏吟も反吟も、風水の良さを減じてしまうとされています。

例えば、第7運の卯山酉向《うざんとりこう》の飛星チャートは、中宮の山星が5で飛星は逆行しているので、反吟のチャートになります。旺山旺水の飛星チャートで第7運の期間はたいへん良いはずですが、反吟であるため、その良さが減じられています。

第7運　卯山酉向

4　中宮《ちゅうぐう》のポテンシャル

飛星チャートの中宮の山星と水星の組み合わせにより、建物全体の傾向性が読み取れます。各方位を使用する住人への影響だけでなく、建物全体の象意として住人全員に影響を及ぼします。

例えば、飛星チャートの中宮に１と４の組み合わせがあれば、恋愛運や社会運のエネルギーの強い家であり、異性との交流が多く社会と積極的に関わっていくと予測できます。中宮に３と２の組み合わせがあれば人間関係によるトラブルの多い家で、悪くすれば裁判沙汰もありそうだと予測できます。

もちろん、この中宮のエネルギーは絶対ではなく、周辺環境と飛星チャートとの組み合わせで起こり易くなるということです。ここで覚えておくべきことは、中宮の２つの数字は、人間のDNAにも相当するような、建物が固有に持っているポテンシャルを表現しているということです。

【ケース３】結婚するアパート

このアパートの住人は女性が多く、入居した独身女性は、結婚が決まって引っ越していくパターンが多い、結婚運に強い建物でした。2005年に私が風水鑑定したケースですが、実際にアパートを見て納得しました。

この家は中宮に山星１と水星４が入っています。１と４の組み合わせは、名声や創造性に良いエネルギーですが、恋愛を引き起こす「桃花《とうか》」の意味も有しています。「桃花」とはエンターテイメントや社会的な活動を意味し、自然と異性との交流も活発になり恋愛関係に発展します。伝統風水の古典『飛星賦《ひせいふ》』には「四蕩一淫（四は蕩で一は淫）」と書かれています。すなわち、１と４が出会うと異性関係の乱れを誘発する方位になる可能性があります。特に女性の恋愛運に強く影響し、第７運では１と４の組み合わせは非常に強い桃花を意味しているのです。

風水の三元九運では、第７運での１と４は悪い影響を与えると考えるのに、なぜ第７運に１と４が良い現象を引き起こすかというと、先天八卦《せんてんはっけ》と後天八卦《こうてんはっけ》の関係に拠っています。

先天八卦の兌は後天八卦の巽にあります。また、先天八卦の坎は後天八卦の兌にあります。つまり、兌を表す７運の間、坎（１）と巽（４）は使用可能とみるのです。

第７運　艮山坤向

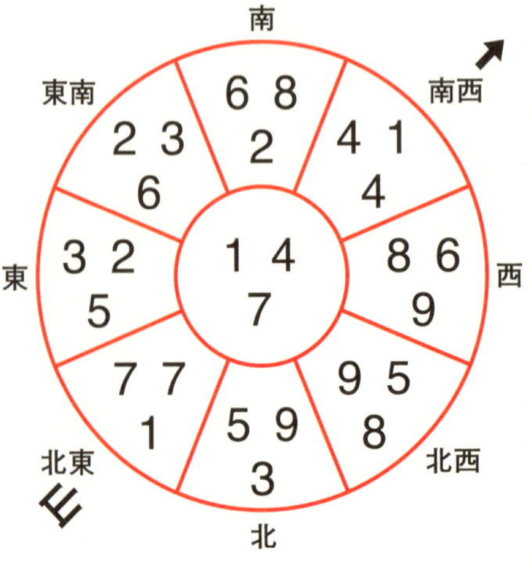

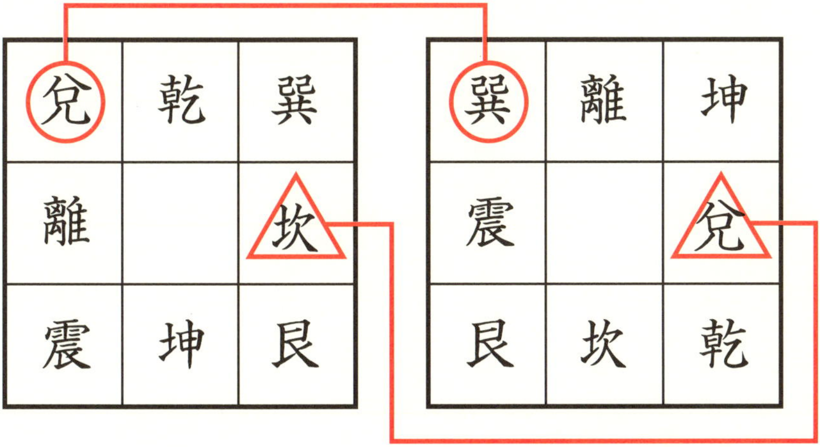

（先天八卦）　（後天八卦）

このアパートは南西方位が向となる明堂があり、水星1が常に活性化され恋愛運は活発です。玄関は北東方位にあり、水星7が支配しています。玄関前にはスペースもあり、水星7は活性化されています。山星7は水に落ちているようにも見えますが、アパート後方に高い建物があり、山星7もサポートされ、双星会坐《そうせいかいざ》の合局条件を満たしています。なお、東南側と北西側は別のユニットになっていました。

第7運は水星7と山星7は女性のパワーを強め、恋愛の象意も持ちますので、異性運が活発になるアパートだと解釈できます。

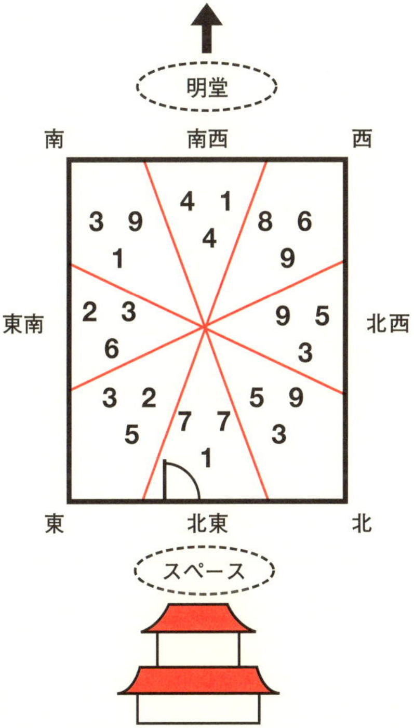

第六章　風水予測と時間の影響

建物の風水は時間の経過に伴い、その吉凶が変化していきます。それはあたかも、赤ちゃんや子どもに若々しいパワーが満ち溢れ、老人になるにつれてパワーが衰退するように変化していきます。すなわち、今存在している建物は良くも悪くも「第８運」の建物に最もパワーがあるということです。

そして、玄空飛星派の吉凶は“方位”のエネルギー変化に顕著です。第７運から第８運に切り替わると、それまで最も吉星であった“７”が、凶星へと変化します。そして、第７運では２番目に吉星とされた“８”が最も良い吉星へと変化しています。つまり、風水を見る時には常に時間の経過に伴ったエネルギーの変化を読む必要があるのです。

この章では、玄空飛星派で判断する際に欠かすことのできない、“正神《せいしん》と零神《れいしん》”、“年飛星《ねんひせい》と月飛星《つきひせい》の影響”、そして“宅卦《たっか》と年飛星《ねんひせい》”の関係について説明します。

1　正神《せいしん》と零神《れいしん》

山星《やまぼし》と水星《みずぼし》の基本テクニックによる改善に加え、「正神《せいしん》」と「零神《れいしん》」の概念を風水鑑定の要素に加えると、たいへんに大きな効果を生み出せるようになります。それでは、正神と零神とは何でしょうか？

玄空飛星派は、三元九運の時間サイクルに基づきます。三元九運は20年ごとに変化しますので2004年立春からの第８運期は、８が最もエネルギーの強い数字になります。８は八卦では「艮《ごん》」であり、北東が第８運に最も強いエネルギーを持つ方位になります。この運星の方位を「正神《せいしん》」と呼び、正神方位に「山」があることが好まれます。

「正神」と正反対の方位を「零神」と呼びます。零神方位には「水」があることが好まれます。次の第９運の正神は南方位であり、零神は北方位になります。しかし、第５運の場合は注意が必要です。５は中央を支配する星で方位はありませんでした。そこで、第５運の前半10年は、第４運と同じ正神・零神とし、第５運の後半10年は第６運と同じ正神・零神とします。

三元九運	正神	零神
第1運	北	南
第2運	南西	北東
第3運	東	西
第4運	東南	北西
第5運（前）	東南	北西
第5運（後）	北西	東南
第6運	北西	東南
第7運	西	東
第8運	北東	南西
第9運	南	北

第８運では北東方位に山があり、南西に水がある場所が、風水の良い場所となります。例えば、第８運の丑山未向《うしざんひつじこう》の飛星チャートは、向方位に水星８、坐方位に山星８が入る旺山旺水《おうざんおうすい》になります。正神方位に山、零神方位に水がある地理に建物を建てることができれば、完全に合局した風水となり、子孫は繁栄し、経済的な繁栄も手にすることができるでしょう。

第８運　丑山未向

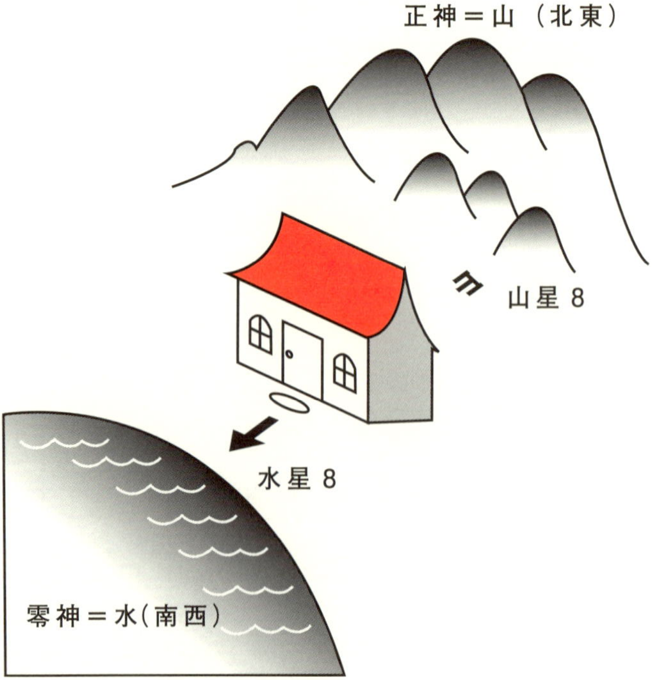

2　年飛星《ねんひせい》と月飛星《つきひせい》の影響

年飛星《ねんひせい》とは、毎年、特定のパターンで巡ってくる1から9までの星のことです。飛星チャートに現れる、1から9までの数字と同様の性質として考えますが、飛星チャートの山星と水星の数字が固定されているのに対し、年飛星は毎年変化しています。年飛星の数字の五行により各方位の山星や水星への影響を強めたり、あるいは弱めたりします。

年飛星は出来事の引き金になることがあります。例えば、南西方位に山星2のある寝室がある家では、年飛星5が南西に巡ってきたとき、2は病気であり、5は災いですから、健康に被害が出ると予測できます。風水の改善は、飛星チャートの山星と水星を中心に判断しますが、年飛星が山星と水星に影響を与え、引き金となることは覚えておいて下さい。

特に年飛星5（五黄）の方位を動土（土を動かし地勢を変化させること）することは災いを引き起こすことに繋がり、たいへん恐れられています。例えば年飛星の5の方位で道路工事が始まった場合、道路工事は事故、病気、トラブルなどの災いの引き金となります。古代の中国人は、五黄を犬にたとえて「寝ている犬は寝たままにしておけ」と言ったそうです。寝ている犬を起こすと噛み付かれてしまうという警告でしょう。また、五黄は自発的に動かさなくとも他動的に悪い影響が及んでくる場合もあるので、近隣の動向にも注意する必要があります。

玄空飛星派では年飛星に加えて月飛星、日飛星、時飛星までありますが、多くのケースでは月飛星まで考慮すれば十分です。なぜなら日飛星、時飛星まで判断対象にすると、どんなストーリーでも作れてしまうからです。なお、年飛星は男性の命卦と同じ星の巡りになっています。2011年生まれの男性は命卦・兌（7）

ですから、年飛星も7となります。

◆年飛星《ねんひせい》

西暦	元号	年飛星	西暦	元号	年飛星	西暦	元号	年飛星
1930	昭和5年	7	1960	昭和35年	4	1990	平成2年	1
1931	昭和6年	6	1961	昭和36年	3	1991	平成3年	9
1932	昭和7年	5	1962	昭和37年	2	1992	平成4年	8
1933	昭和8年	4	1963	昭和38年	1	1993	平成5年	7
1934	昭和9年	3	1964	昭和39年	9	1994	平成6年	6
1935	昭和10年	2	1965	昭和40年	8	1995	平成7年	5
1936	昭和11年	1	1966	昭和41年	7	1996	平成8年	4
1937	昭和12年	9	1967	昭和42年	6	1997	平成9年	3
1938	昭和13年	8	1968	昭和43年	5	1998	平成10年	2
1939	昭和14年	7	1969	昭和44年	4	1999	平成11年	1
1940	昭和15年	6	1970	昭和45年	3	2000	平成12年	9
1941	昭和16年	5	1971	昭和46年	2	2001	平成13年	8
1942	昭和17年	4	1972	昭和47年	1	2002	平成14年	7
1943	昭和18年	3	1973	昭和48年	9	2003	平成15年	6
1944	昭和19年	2	1974	昭和49年	8	2004	平成16年	5
1945	昭和20年	1	1975	昭和50年	7	2005	平成17年	4
1946	昭和21年	9	1976	昭和51年	6	2006	平成18年	3
1947	昭和22年	8	1977	昭和52年	5	2007	平成19年	2
1948	昭和23年	7	1978	昭和53年	4	2008	平成20年	1
1949	昭和24年	6	1979	昭和54年	3	2009	平成21年	9
1950	昭和25年	5	1980	昭和55年	2	2010	平成22年	8
1951	昭和26年	4	1981	昭和56年	1	2011	平成23年	7
1952	昭和27年	3	1982	昭和57年	9	2012	平成24年	6
1953	昭和28年	2	1983	昭和58年	8	2013	平成25年	5
1954	昭和29年	1	1984	昭和59年	7	2014	平成26年	4
1955	昭和30年	9	1985	昭和60年	6	2015	平成27年	3
1956	昭和31年	8	1986	昭和61年	5	2016	平成28年	2
1957	昭和32年	7	1987	昭和62年	4	2017	平成29年	1
1958	昭和33年	6	1988	昭和63年	3	2018	平成30年	9
1959	昭和34年	5	1989	平成元年	2	2019	平成31年	8

月飛星は特定のパターンでサイクルが存在しています。例えば、年飛星が１・４・７の時は、子年、卯年、午年、酉年のいずれかにしか現れません。この時の２月の月飛星は中宮に８が入りますので、北西に９、西に１、北東に２、南に３、北に４、南西に５、東に６、東南に７が入ります。

◆月飛星《つきひせい》

月	年飛星1・4・7（子・卯・午・酉）	年飛星2・5・8（寅・巳・申・亥）	年飛星3・6・9（丑・辰・未・戌）
2月	8	2	5
3月	7	1	4
4月	6	9	3
5月	5	8	2
6月	4	7	1
7月	3	6	9
8月	2	5	8
9月	1	4	7
10月	9	3	6
11月	8	2	5
12月	7	1	4
1月	6	9	3

風水鑑定では年飛星《ねんひせい》に加えて月飛星《つきひせい》にも注意を払うべきケースも存在します。月飛星が引き金となって、なんらかの出来事が起きるケースがあるからです。年飛星を考慮することで、年単位での風水チェックができます。月飛星を考慮することで、月単位での風水チェックができ、年間を通じ周辺環境に対して万全の風水対策を施すことが可能です。

3　宅卦《たっか》と年飛星《ねんひせい》（紫白訣《しはくけつ》）

玄空飛星派では、山星と水星の予測だけではなく、補助的に「宅卦《たっか》」を使用した予測をします。宅卦と年飛星《ねんひせい》や月飛星《つきひせい》を組み合わせることで、山星と水星の組み合わせには現れてこない、裏の象意を読み取ることができます。このテクニックは伝統風水の古典『紫白訣《しはくけつ》』に基づくものです。

「宅卦」とは坐方位の卦の数字を入れた飛星チャートのことです。

例えば、子山午向の建物は坐方位が「北」になります。北は八卦の坎ですので、数字は1になります。そこでチャートの中宮に1を配し、その他の数字を順に配置して飛星させます。さらに、ここに年飛星を加えます。例えば、2005年の年飛星4を加えると中宮に1と4の組み合わせが現れます。

中宮はその家のポテンシャルを表現していますので、中宮に1と4が現れたときはその建物の住人に恋愛や学問達成の象意が現れやすくなります。また、北西に玄関や寝室などの重要な場所があれば、2と5の組み合わせから健康に被害が出る、または経済的損失や事故などを被りやすくなります。

子山午向　2005年

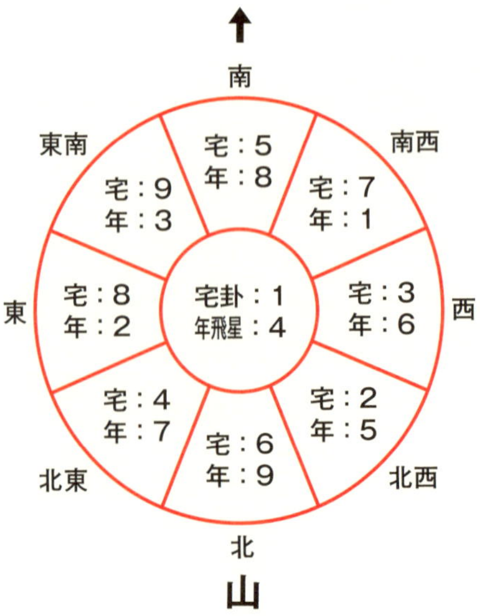

山星と水星の飛星チャートに加えて、宅卦と年飛星（月飛星）の組み合わせを使用することで、玄空飛星派による鑑定が、より深みを増します。

【ケース４】乗馬倶楽部オーナーの離婚調停

経済面の改善をメインとして依頼されてきた乗馬倶楽部のケースです。また、オーナー（命卦・巽）自身の離婚調停が停滞しているので一度見て欲しいというお願いを受け、2007年に風水鑑定しました。

乗馬倶楽部は倶楽部ハウス兼オーナーの住まいとなっています。第６運（1964年～1983年）に建てられた丑山未向《うしざんひつじこう》の建物であり、四大格局の双星会坐《そうせいかいざ》の飛星チャートです。

北東方位にオーナーのベッドがありましたが、北東方位の水星６と山星６のエネルギーはすでに良い効果を発揮していません。建物の後方には大きな樹木が生い茂っており、「山」となって山星６をサポートしています。第８運の数字の６は、法的なトラブルを暗示しています。

2007年は年飛星３であり、北東方位の年飛星は６なのでさらに法的トラブルを大きくしています。オーナーは命卦・巽（木）ですので、相剋サイクルにより、６（金）から総攻撃を受けている状態でした。そこで、ベッドの位置を北方位に配置しなおし、布団をピンク系にまとめることを提案しました。北方位は山星４で悪い影響ではありますが、北東方位の影響の方がより悪いと判断したからです。

第６運　丑山未向

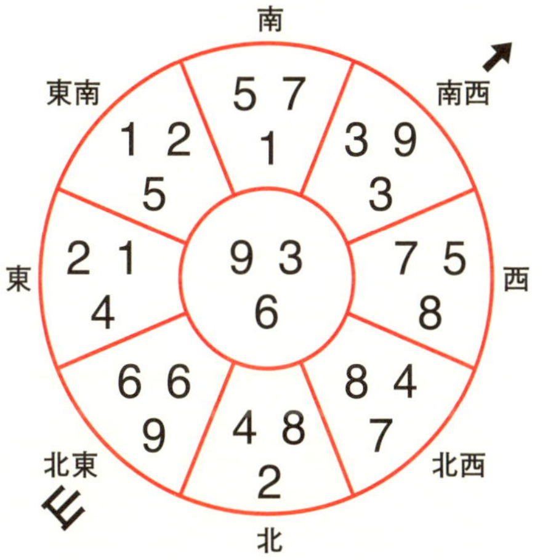

後方の樹木は、北方位の水星８も殺して経営難の原因となっています。そこで、倶楽部ハウスの南西方位の水星９に注目しました。倶楽部ハウスの前方は、倶楽部会員の乗馬エリアであり、明堂を馬が走って水星９が常に活性化される風水になっています。しかし、売り上げが思わしくないので、水槽を使い南西方位の水星９をさらに活性化しました。南西は零神《れいしん》方位であり、経済面に非常に高い効果が期待できます。

倶楽部ハウスの玄関には水星５があります。風水鑑定時の2007年１月は年飛星３の年であり、西方位には年飛星５が入ります。５は災いを引き起こす星です。年星５は水星５と比肩となり強め、玄関は災いの引き金となっています。そこで、水星５と年星５を改善するため、丸い金属製の時計を設置しました。

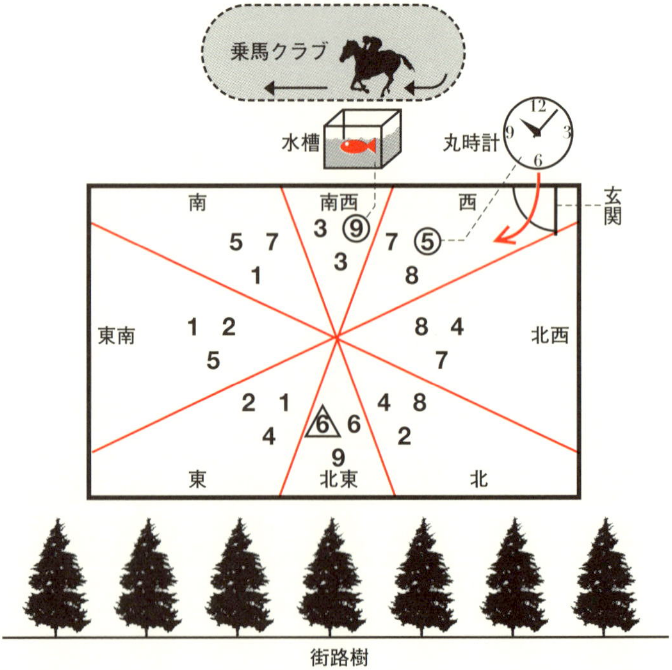

改善翌日、長期間に渡って話がこじれていた離婚調停が突然終了したそうです。「今まで弁護士に払った費用は何だったのだろう？　弁護士はいらなかったのでは？」というオーナーの笑顔が印象的でした。改善後は経済面にも急激に良い変化が現れました。乗馬会員が急激に増えて、売り上げが一気に倍増したそうです。

＊注意＊

このケースにおける第６運丑山未向の飛星チャートは申し訳ないことに間違えています。正しい第６運丑山未向のチャートは、巻末214ページをご参照下さい。両方のチャートを見比べると水星は共通していますので、水星の改善については本文のままで問題ありません。問題は山星についてです。特に北方位は正しくは山星５になりますので、ピンク（五行の火）で強めることは非常に危険になります。しかし、五鬼運財法（190ページ参照）で５を強めることで、５は中宮の９とチェンジします。つまり、北方位の山星５は山星９に変化するため、実際は本文の改善のままで問題がなかったのです。そこで、実際の経過をそのまま掲載しました。

4　入囚《にゅうしゅう》の解除法

入囚《にゅうしゅう》は運が封じ込められロックされた状態を意味しています。三元九運と中宮の山星または水星が同じ数字になったとき、20年間のロックがかかり、次の三元九運が来るまでは不運の時期となります。

例えば、現在第８運の中宮に山星８が入る建物は、「人」にロックがかかっています。生命の危機、健康の悪化、人間関係のトラブル、訴訟などが目立ってきます。同様に、中宮に水星８が入る建物は第８運ではお金にロックがかかっている状態であり、職業を失ったり、収入に問題が生じたりと経済面に悪い影響が及びます。

そこで、入囚を解除する必要がありますが、方法は２つあります。

解除法①：玄関から中宮までの間に障害をなくし、エネルギーを流通させる

玄関と家の太極の間に障壁が無く、気の流れができている場合、その飛星チャートは入囚しないとされます。例えば、香港ペニンシュラホテルは第４運の子山午向《ねざんうまこう》の建物です。飛星チャートの中宮に水星８がありますので、第８運は経済面に問題が起きるはずです。しかし、ホテルの正面玄関から太極のある中宮まで障害物が無く、気の通りがスムーズに行われてい

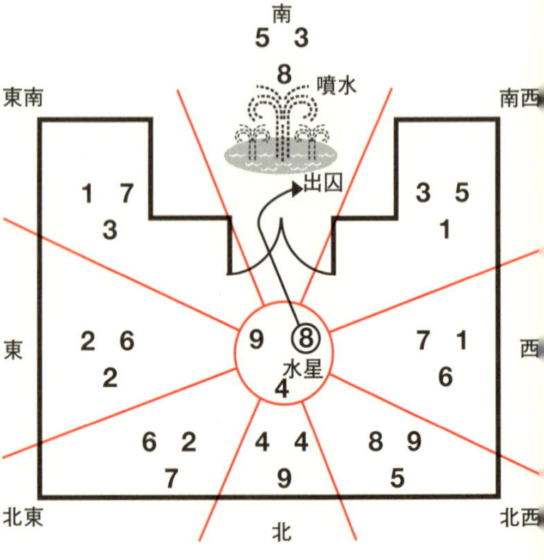

ペニンシュラ香港ホテル

るため入囚は解除されています。入囚が解除されることを「出囚《しゅっしゅう》」と言います。

解除法②：建物の外に水を設置する。

解除法①で紹介したような構造を持つ建物は多くありません。そこで、次善の策として建物の外に「水」を設置するとよいでしょう。建物の近くに綺麗な川が流れていたり、プールや海がある場合には、入囚は解除されます。しかし、プールや海が近くにある家は、実際、日本では少ないと思われます。

また、住宅が密集する都会では、庭も無くプールの設置や池の造成は難しいですし、マンションならなおさらです。そこで、ファウンテン（噴水）を外に設置することをお勧めします。場所も取らずに水の流れる音の聞こえるファウンテンは強力な風水効果を発揮するとともに、美しい装飾となるでしょう。併せて水星８や水星９の方位に設置することで風水的に大きな効果も期待できます。ファウンテンは、ホームセンターやガーデニングショップで販売されています。

ただし、マンションの場合には勝手に外に設置できませんから、家の中の水星の良い場所に室内ファウンテンを設置します。外のファウンテンほどの影響力はありませんが、水の流れる音を聞き気の流れを感じ取ることで、入囚を解除する助けとなるでしょう。

【ケース５】熱中症

第８運に入った2004年８月11日に起きたケースです。2004年８月11日は五黄年、五黄月、五黄日でした。偶然に飛星が一致したこの日に下図の家に住んでいる男性が熱中症で死にかけました。幸い大事には至りませんでしたが、このことには次のような背景がありました。

第７運に建てられた亥山巳向の家なので、2004年からの第８運は、中宮に山星８があるため入囚し、20年間のロックが掛かっています。上山下水の飛星チャートの上、さらに特殊格局の「連珠三盤卦《れんじゅさんばんか》」であり、非常に悪いチャートになっていますので、第８運の20年間は人間関係によるトラブルや健康面には充分に注意しなければなりません。特に命卦８の人は山星８の入囚の影響を受けやすくなるので、要注意です。

2004年立春から第８運になり、まだ第７運のエネルギーが多く入り乱れる時期でしたが、このケースは第８運の到来を実感させる出来事になりました。

第７運　亥山巳向

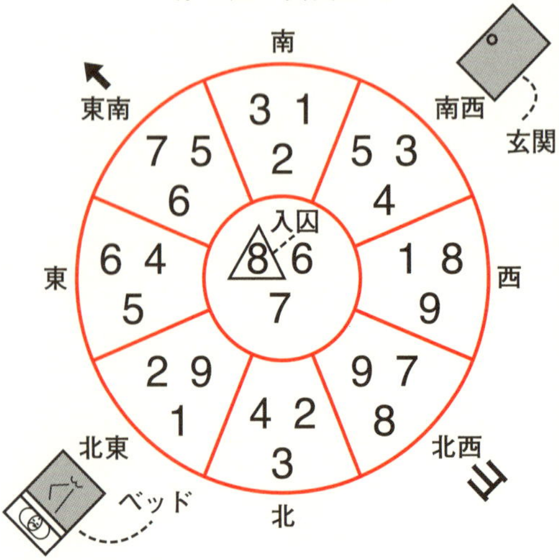

この家の玄関は南西方位にあり水星３となっています。また、驚くべきことに2004年８月11日は五黄（年）五黄（月）五黄（日）と年月日がゾロ目となっており、南西方位は年月日が二黒のゾロ目が入っていました。

２は病気を象徴する数字ですので、玄関に入るのはもちろん凶兆です。熱中症に倒れた年月日が引き金になったと考えられますが、ご主人の寝室の方位は北東方位であり、病気を意味する山星２が支配していたことも災いしたのでしょう。

改善法としては、五行の「金」を用いて鉄アレイを置き、東に寝床を移動させました。山星６は良くない数字ですが、山星２よりもまだ良いと判断しました。また、入囚を解除するために北東方位の水星９に、外の水（噴水）を置きました。水を置いた３ヵ月後くらいから、この家の主人は急激に元気になり、現在もさまざまな活動に猛烈に取り組んでいます。

２００４年8月１１日の飛星

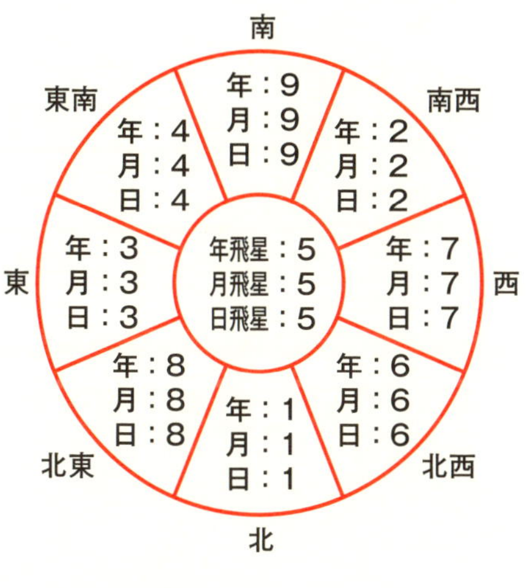

第七章　風水鑑定マニュアル

風水鑑定７つのステップ

ここで、第３章から第６章で説明した玄空飛星派の風水鑑定のステップをおさらいしてみましょう。

◆ステップ１—建物の竣工年月を調べる

鑑定対象となる建物が、三元九運《さんげんきゅううん》（第１運から第９運）のどの20年に建てられたものかを調べます。それが分からなければ、飛星チャートを作成することができません。

三元九運	区分	時間	旺気	生気	進気
第1運	上元	1864年～1883年	一白	二黒	三碧
第2運		1884年～1903年	二黒	三碧	四緑
第3運		1904年～1923年	三碧	四緑	五黄
第4運	中元	1924年～1943年	四緑	五黄	六白
第5運		1944年～1963年	五黄	六白	七赤
第6運		1964年～1983年	六白	七赤	八白
第7運	下元	1984年～2003年	七赤	八白	九紫
第8運		2004年～2023年	八白	九紫	一白
第9運		2024年～2043年	九紫	一白	二黒

◆ステップ２—建物の坐向《ざこう》を調べる

精度の良い磁石（羅盤）を用いて、鑑定対象となる建物がどの方位を向いているのか、24山を用いて導き出します。

坐	向
陰	陽
閉鎖	開放
地味	装飾
私的	公的
重	軽
寝室	居間
暗	明

坐向（建物の向き）を決定する際は、「陰陽」に注意して、建物外の周辺環境、建物内の間取りを総合判断します。建物の内外を観察して、正確な坐向を導き出さなければなりません。坐向を間違えると、飛星チャート作成、そして風水分析・改善はすべて無に帰します。

坐向が決まったら、磁石を用いて正確な角度を測定します。風水の羅盤で測定するのが理想的ですが、玄空飛星派の鑑定は、24山を測定するだけですので、軍用コンパスなどの正確な磁石で測定してもかまいません。建物からある程度の距離を取って、周囲の金属に反応しないように注意して、建物の向きを測定します。

◆ステップ３—飛星チャートを作成する

建物の竣工年月で決まった三元九運の数字を、飛星チャートの中央に配します。例えば、「第７運」で、坐向が「壬《みずのえ》山《ざん》丙《ひのえ》向《こう》」の建物の場合を検討してみましょう。

第7運（１９８４年～２００３年）

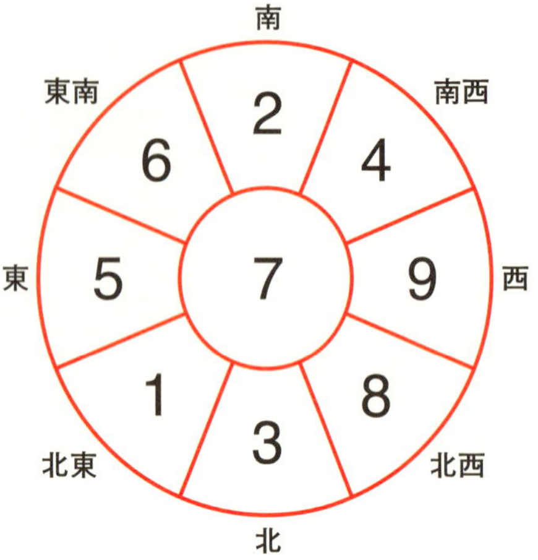

まず、第７運の建物ですので、数字の７を飛星チャートの中央に配します。

壬山丙向の建物は、前方が南方位、後方が北方位になりますので、向となる南方位の２を水星として中央右上に配し、坐となる北方位の数字３を山星として中央左上に配します。そして、水星と山星を「(1) 中央→ (2) 北西→ (3) 西→ (4) 北東→ (5) 南→ (6) 北→ (7) 南西→ (8) 東→ (9) 東南」の順で飛星させます。

山星と水星を飛星させる際、壬は北方位の１区分目、丙は南方位の１区分目の方位なので、中央に入る山星と水星が「奇数」なら「順行」させ、山星と水星が「偶数」なら逆行させせます。

区分	1	2	3
奇数	順行（＋）	逆行（－）	逆行（－）
偶数	逆行（－）	順行（＋）	順行（＋）

中央左上の「山星」は３で「奇数」なので、３（中央）→４（北西）→５（西）→６（北東）→７（南）→８（北）→９（南西）→１（東）→２（東南）の順で順行させます。

また、中央右上の「水星」は２で「偶数」なので、２（中央）→１（北西）→９（西）→８（北東）→７（南）→６（北）→５（南西）→４（東）→３（東南）の順で逆行させます。

この時点で、飛星チャートがどの格局に帰属するかを知っておくべきです。この例では、四大格局の「双星会向《そうせいかいこう》」の飛星チャートであると分かります。飛星チャートを見る際、特に注意すべきことは「入囚《にゅうしゅう》」しているかどうかです。山星が入囚している場合、健康や人間関係に悪い20年間となりますし、水星が入囚している場合は、経済面で非常に悪い20年となります。中宮の運星と山星の数字が一致したとき、または中宮の運星と水星の数字が一致したときが入囚となりますが、山星が３、水星が２、運星が７ですから、この例は入囚していません。格局については、第５章を参照して下さい。

第７運　壬山丙向

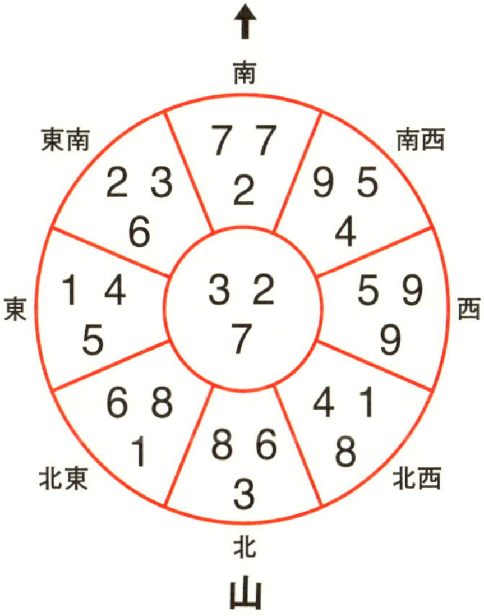

◆ステップ４―建物の太極の位置を確定し、太極から８方位（北・北東・東・東南・南・南西・西・北西）の山星・水星・運星を書き込む

８方位はパイ型にカットした方位区分になります。図のように、太極（家の中心）から８方位にラインを引き、それぞれに方位のエネルギーを示す数字を書き込みます。例えば、住居に飛星チャートを書き込むと以下のようになります。(中央の山星、水星、運星は省略しています)

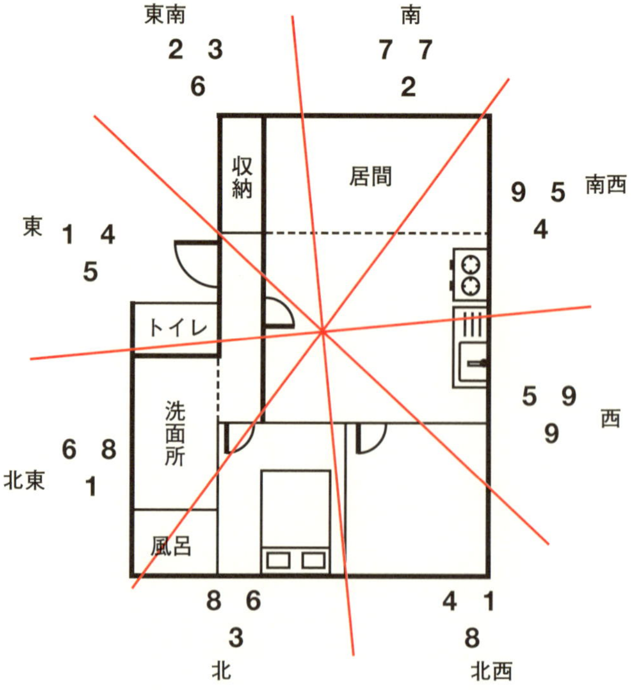

◆ステップ5―各方位の建物内外がどのような環境になっているかを調べる

鑑定では、飛星させた山星と水星の数字がどのような働きをしているかを明確にする必要があります。山星は「人」の側面に作用し、健康や人間関係を司ります。水星は「お金」の側面に作用し、収入面を司ります。

建物外のどの方位に、どのような「水」や「山」があるかを調べ、水星と山星との関連性を見ます。「水」は、駐車場、公園、空き地、川、道路などで、山は、隣の家、ビル、大きな樹木、山などです。建物外の「水」と「山」は飛星チャートの水星と山星に影響を与えるので、確実に方位と状態を確認しておかなければなりません。

また、巒頭派の判断である隔角殺や反弓水殺などの、殺気となる形状にも気を配る必要があります。

◆ステップ6―山星《やまぼし》と水星《みずぼし》を改善する

改善するステップで、最も重要となる場所は、玄関と寝室とリビングです。長い時間を過ごす場所を中心に改善するのがポイントです。

玄関 ―― 玄関は常に人の往来があり、気の出入口ですので、良いエネルギーが支配している必要があります。玄関は動きのある場所ですので「水星」に焦点を当てて考えます。この例では東方位に玄関があり、水星は４となっています。現在の第８運には４は良い働きはしていません。逆に、凶作用となる４の悪い面が現れてきますので、相洩サイクルにより、五行の火を用いて改善する必要があるでしょう。

寝室 ―― 寝室の北方位は山星８が支配していますので、健康や人間関係の調和に非常に良い方位です。間取りも静かに閉じた方位空間になっていますので、より良い効果が期待できるでしょう。例えば、この例で北方位に高い建物があれば、山星８をより強力にサポートしてくれます。山星８は特に改善する必要はなく、そのまま使用することができます。

居間（リビング）―― 居間は在宅時は長い時間を過ごす場所なので、現在の第８運（2004年～2023年）では、旺気の水星８や生気の水星９があることが望ましいのです。この例では、水星７が居間を支配しており、第７運（1984年～2003年）では住人に良い影響を与えましたが、現在は悪い影響を与えています。例えば、このケースで建物外の南方位が駐車場（水）となっていれば、水星７を活性化している状態と判断します。改善は、水で育つ三本の竹などを配置して影響力を弱めるようにします。

水星８と９を活性化することで経済的繁栄を受け取ることができますが、水星８は洗面所、水星９はシンクにありますので、それぞれの良さが活かされていません。本来、水星８と９の方位に、テレビ、ステレオ、水槽、振り子時計、電話、パソコンを置き、常に刺激することが好ましいのです。また、水星８や９の方位を向いて座ると良い効果を受けることができますが、背を向けて座ると経済面が悪化するでしょう。

◆ステップ７―年飛星《ねんひせい》と月飛星《つきひせい》を考慮する

各方位に毎年巡る「年飛星《ねんひせい》」と、毎月巡る「月飛星《つきひせい》」により、山星と水星が影響されます。例えば、玄関の水星４のある東方位に年飛星９が来る場合、４の悪い影響は軽減されます。また、寝室の山星８のある北方位に年飛星９が来る場合、山星８を強力にサポートします。年飛星と月飛星のサイクルを確認しながら、毎年、毎月の改善案を考え、部屋の使い方を変えることも有効です。

以上の７ステップで風水の鑑定・改善は完了します。次の第８章から、引き続き具体的な風水改善例を見ていきましょう。

第八章 “恋愛・結婚・別れ”の風水

1 “恋愛・結婚”のエネルギー

恋愛・結婚・別れは山星《やまぼし》の活用が主なテーマになります。山星がテーマになるのは、寝室を利用するケースです。良い山星が飛星する方位を寝室として眠ることで、精神面のリラックスが得られ、健康な肉体となるとともに肌つやが良くなり、アンチエイジング効果も期待できます。すると、心身ともに若々しくなり、異性の目に留まりやすくなります。

ベッドの配置方位が山星８または山星９かで、恋愛の行方と結末が変化する可能性があります。山星８を使用すれば異性は現れるものの、二人の関係が落ち着いてしまい結婚に到るのが難しいことがあります。８は土の象意であり落ち着きに繋がることが原因です。山星９を使用すると、火の象意から過激な関係になる場合もあり、２人の関係はあっという間に発展する可能性はあるものの、その関係は長続きせず、打ち上げ花火のような結末になる可能性もあります。

飛星チャートの１と４の組み合わせは恋愛に有効です。１は第８運では進気となり良いエネルギーを宿していますから、恋愛運向上を望む場合は１と４の組み合わせを使用することはたいへん効果的です。第８運の４は凶の数字になりますが、異性を惹きつける効果を持っています。１と４の方位に水槽を置けば、恋愛運の向上が期待できます。

2　恋愛運を引き寄せる“桃花《とうか》風水”

伝統風水では、恋愛運を「桃花《とうか》」と呼びます。伝統的な風水の技術ではありませんが、簡単に桃花を引き寄せるテクニックを以下の表で紹介します。例えば、亥年生まれの人は、白の花瓶に白い花を6本挿し、家の中心から北方位(352.5°～7.5°）に置きます。花瓶の水は常に澄んでいるように毎朝取り替えます。

もしも、家の中心から北方位が風呂場とかトイレの場合には、自分の部屋や、いつも使用しているリビングの中心から北方位に置いても構いません。私がこの方法を鑑定で実験した結果、かなりの効果を上げています。桃花運とは異性を惹きつける運であるとともに、社会で活躍する運でもあります。風水の改善とともに使用すると良い影響をもたらしてくれます。

生年	花瓶の色	花の色	花の本数	花の方位
子・辰・申	白・黄・橙	白・黄	2・5・8	(西)　262.5°～277.5°
丑・巳・酉	緑	緑・赤・紫	3・4・9	(南)　172.5°～187.5°
寅・午・戌	青・黒	青	1・3・4	(東)　82.5°～97.5°
卯・未・亥	白・金	白・青	6・7	(北)　352.5°～7.5°

3 “別れ”のエネルギー

風水には代表的な別れのエネルギーが存在しています。１と２の組み合わせです。相剋サイクル（土剋水）により、２が１を攻撃しています。１は中年男性を意味し、２は主婦を意味しています。すなわち、女性に攻撃される男性を意味しています。男性の言うことを聞く女性であれば別れには到りませんが、男性と女性が衝突した場合には別れる結末もありえます。

１と２の組み合わせは、飛星チャートの第６運（1964年〜1983年）に顕著です。日本家屋は採光の関係で、南向きが多いと思われますが、南向きの建物は１と２の組み合わせが中宮に入ります。この場合、建物全体に影響が及びますので、別れのエネルギーが強くなります。熟年離婚という言葉もしばしば耳にしますが、彼らの多くは第６運に家を建てた世代のようです。これは単なる偶然でしょうか？

いずれにしても、１と２の組み合わせは不吉なので、改善する必要があります。特に、玄関や寝室、リビングルームがその方位となっている場合は、六帝古銭やブロンズ像などの五行の「金」による改善をしなければなりません。五行の「金」を使用することで、２を弱め（相洩サイクル）、１を強める（相生サイクル）ことができるからです。

【ケース６】２人の恋人

2006年の鑑定例です。恋人が欲しいという女性に桃花風水をアドバイスしました。

この女性は、北西の部屋を寝室として使用していました。

この方位は山星２が支配しますので、健康に問題が出る可能性があります。特に、２の象意から、胃腸に問題が出る可能性があります。また、女性の場合は婦人系の病気にも注意する必要があります。

第７運　子山午向

そこで、山星２に焦点を当て、五行の「金」を使用して２を洩らして弱めます。ブロンズ像やシルバーのインテリアで装飾すれば良いでしょう。健康を損なうと肌つやが悪くなり、恋愛も上手くいきません。山星８や９の部屋を寝室にできれば、アンチエイジング効果も同時に狙えて良いですが、なかなか理論通

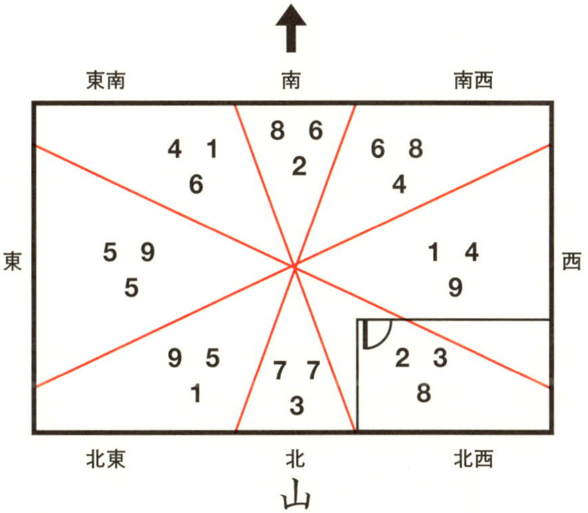

りに行かない場合も多いものです。

北西の飛星２と３は恋愛には良い影響はありませんので、別の手段を考えなければなりません。幸い2006年は三碧の年（年飛星３）であり、北西の年飛星は４になります。４は桃花を意味しますので、恋愛運には追い風が吹いている状態です。

このケースでは部屋単位での飛星チャートを作成しました。通常は建物全体の太極からの方位により飛星チャートを判断しますが、これは各部屋の中心を太極として飛星チャートを当てはめる方法です。この女性は子年生まれでしたので、部屋の中心（小太極《しょうたいきょく》）から西方位に、水を入れた白い花瓶の設置をアドバイスしました。

さらに、西方位は１と４の組み合わせがあり、花瓶を置く方位と飛星チャートの双方が恋愛を象徴しています。

本来、花瓶には花を挿しますが、水を入れて置くだけでも効果はあります。私が指定した日時に水を入れた花瓶を西方位に置くと、その日の内に男性から声が掛かったそうです。その男性とはしばらく友人関係が続いたのですが、恋人になるまでには到りませんでした。

２００６年の年飛星

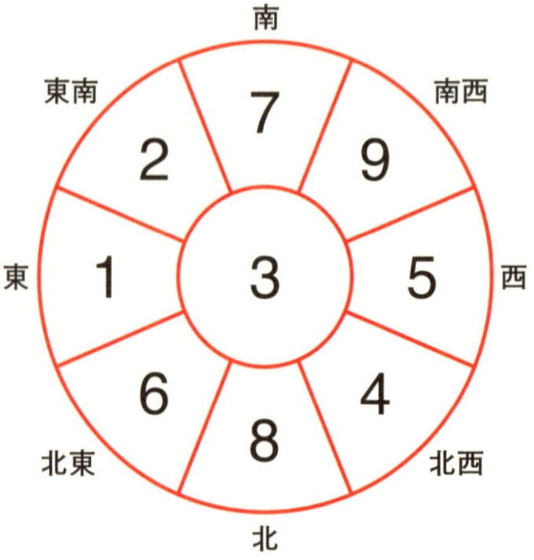

そこで、もう一度このテクニックで恋人探しをすることになりました。今度は花瓶に花を挿すことを提案しました。花

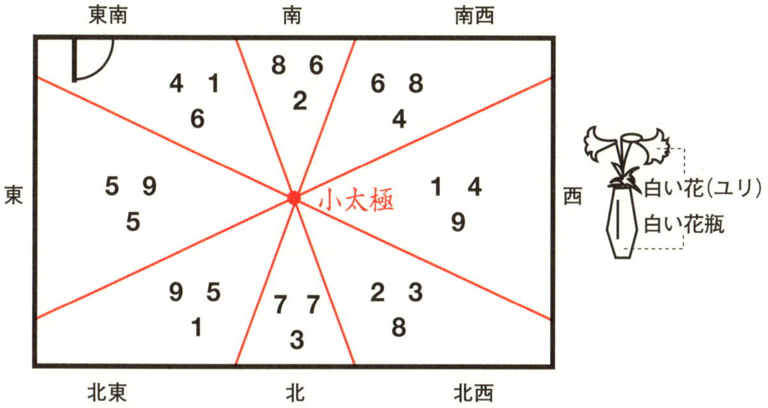

は生花である必要があるので、「白いユリが良い」とアドバイスしました。再び日時を選んで白いユリの花を挿すと、すぐに感じの良い男性が現れたそうです。

【ケース７】突然結婚した女性

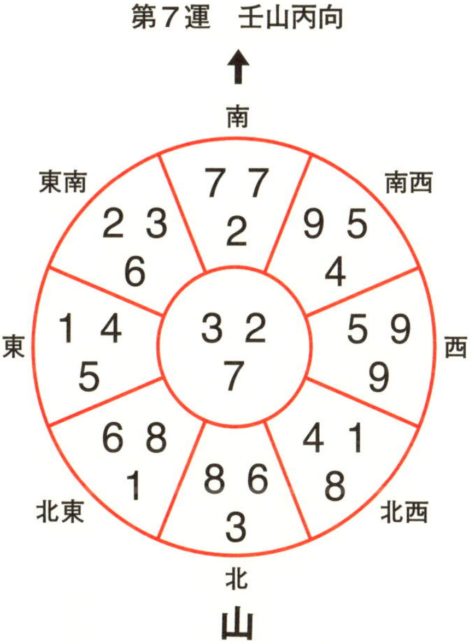

「結婚しない」と宣言し、まったく異性との付き合いがなかった女性が、突然結婚したケースです。

玄関は水星７と山星７があります。第８運では７は好ましくありません。1984年〜2003年までの第７運は、たいへんお金に強い建物であったことがわかります。

この家には姉妹が住んでおり、姉は東の部屋を、妹は西の部屋を寝室に使用していました。姉は異性関係も豊富で多くの男性の友人がおり、自由気ままに楽しい毎日を過ごしていたようです。これは１と４の組み合わせの桃花が原因です。

西方位を寝室に使用する妹は山星５の影響を受けています。西方位には水星９がありますが、山星５が支配しているため寝室には適さず、健康や人間関係に問題が生じてきます。

ところが、活動的な姉が海外へと旅立ったのを機に、妹が東の部屋を寝室として使い始めました。妹はまったく結婚する意志もなく、30代に入って職場と家を往復する地味な毎日を送っていましたが、東方位の部屋に寝室を代えたとたんに恋人ができて、2006年に結婚しました。

ベッドは東向きに配置されていました。ベッドの向きも飛星チャートの１と４の組み合わせにすることで、恋愛運を強化することができます。2006年は年飛星３が中宮に入りますので、東方位には年飛星１が入ります。飛星チャートの１と４の組み合わせに加えて、年飛星１と水星４の組み合わせも現れています。東方位には１と４の組み合わせが重なり合って現れており、恋愛や結婚が起きてもなんら不思議はありません。

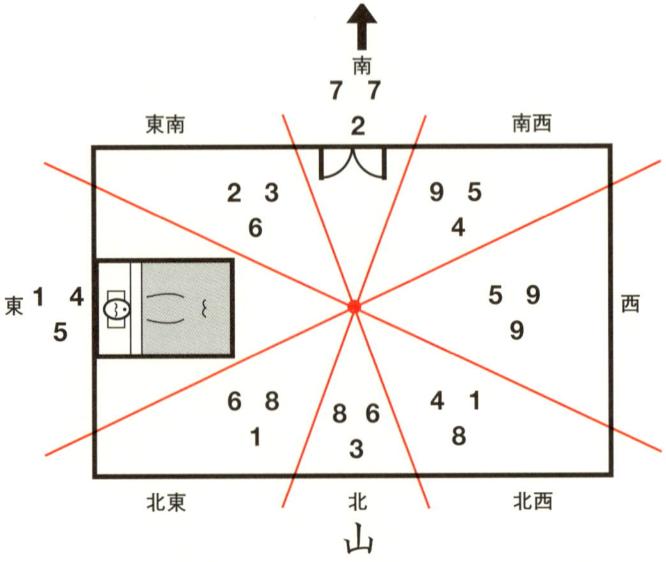

【ケース８】母娘の離婚

両方とも離婚経験のある母親と娘が二人暮らしの家です。離婚原因は、母も娘も気が強いために夫の言うことを聞かず、家から追い出してしまったということだそうです。

中宮は山星２、水星１で土剋水となっています。２と１の組み合わせは、別れのエネルギーを持っていると解釈します。なぜなら、八卦の２は母親、１は中年男性で、年上女性が年下男性を攻撃（剋）している姿を表しているからです。ただし、女性が夫や恋人の言うことに従わない強気な性質をもつ場合です。女性が男性に従順な場合には、離婚や別れという問題は起こりません。

伝統風水の古典『玄機賦《げんきふ》』には「坎流坤位、賈臣常遭賎婦之羞（坎と坤が出会うと、賈臣は賤婦の辱めに遭う）」と書かれています。坎は１、坤は２です。１と２の組み合わせが現れると、朱買臣（人名）は賤しく横暴な妻から嫌な思いをさせられる、ということです。

この家の玄関は東南方位にあり、山星１と水星２の組み合わせです。これは別れのエネルギーを示していると同時に、水星２は病気を意味しています。また、門が東南方位にあり、駐車場の出入りで水星２が活性化されています。

第６運　子山午向

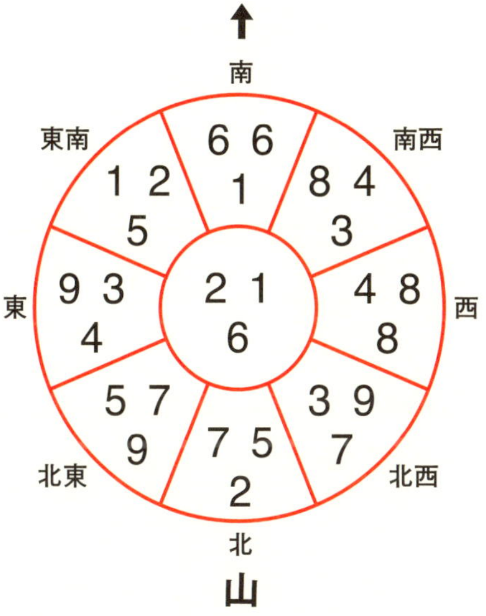

母親は山星４と水星８の部屋を寝室として使っており、山星４が支配しています。実際、４の象意である鬱病の気があり、ふさぎこみがちのようでした。また、４と８の組み合わせは木剋土により、８の問題が起こりやすくなります。鬱の気に加え、骨折や怪我が多い可能性があります。

娘は山星５と水星７のある北東方位の寝室を使っていました。寝室は山星５が支配していますので、健康に非常に悪い部屋になっています。また、この部屋のドアは小太極からみて南西方位にありますので、山星８が水に落ちてしまい、健康をさらに悪化させています。娘の人相にも健康上、たいへん悪いサインが現れており、母親同様、身体の調子がとても悪いようでした。

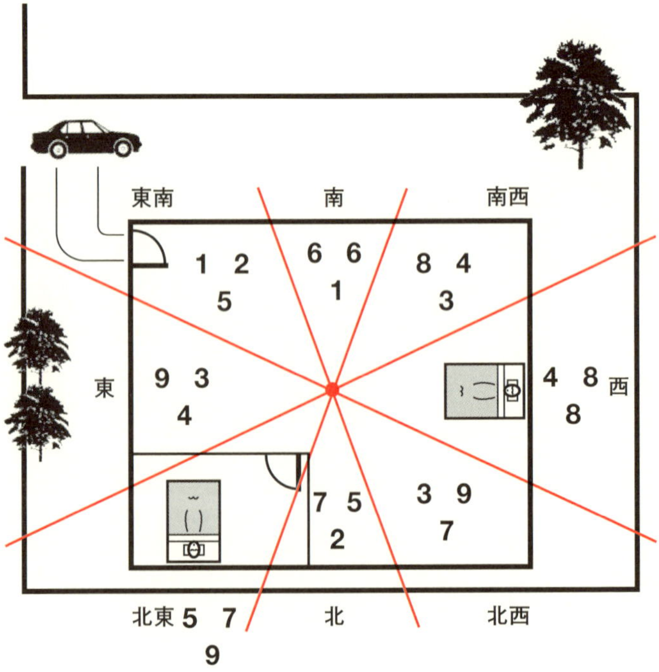

第九章　“お金”の風水

1　“お金”を引き寄せる風水

お金の問題は「水星《みずぼし》」のテーマです。「お金」は水星がどれだけ活性化されるかにかかっています。現在、私たちは三元九運の第８運を生きています。第８運に強い影響を与えるのは、８・９・１ですから、水星の活性化と山星のサポートは、多くのケースで８・９・１に焦点を当てて考慮されるべきです。

建物の重要場所である、玄関やリビングなどの開放的空間には吉の水星である８・９・１が配されるのが良く、５（五黄）や２（二黒）など悪い作用を引き起こす水星が配されるのは好ましくありません。良い水星は、五行や象徴の飛星活用法により、さらに強めて活性化させることで、良い影響を増幅することができます。

水星は「お金」を意味しますが、実際は水星を活性化することで人間関係にも良い影響を与えます。逆に、山星《やまぼし》をサポートすることで人間関係が円滑になり、お金が巡ってくるチャンスが到来することもあります。要するに、経済面を強化するときは、水星も山星も大切に扱わなければなりません。

【ケース9】５０００万円の仕事

これは、2006年に鑑定した地方都市の成型プラスチック工場のケースです。

この工場は、第６運の庚山《かのえざん》甲向《きのえこう》の建物であり旺山旺水です。しかし、2006年は第８運であり、すでに第６運の旺山旺水の良さは消えています。工場は２階建てであり、オフィスは工場の北東と北の２階エリアで、１階は全部が作業現場となっていました。

２階オフィスの玄関は東南方位にあり、水星５となっています。玄関に水星５がある場合、金銭トラブルや収入の遅延を意味します。成型業界の慣例で手形決済が通常で、入金の遅れは日常茶飯事のようでした。また、製品の不良品などで常に返品のリスクがあり、取引先の苦情の電話が鳴り響いていたようです。

２階オフィス

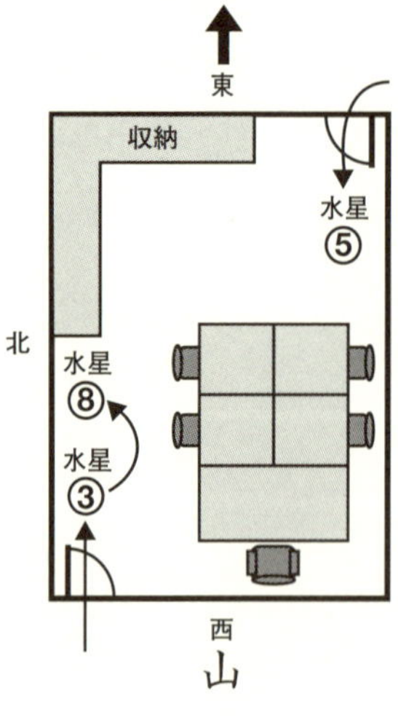

１階工場

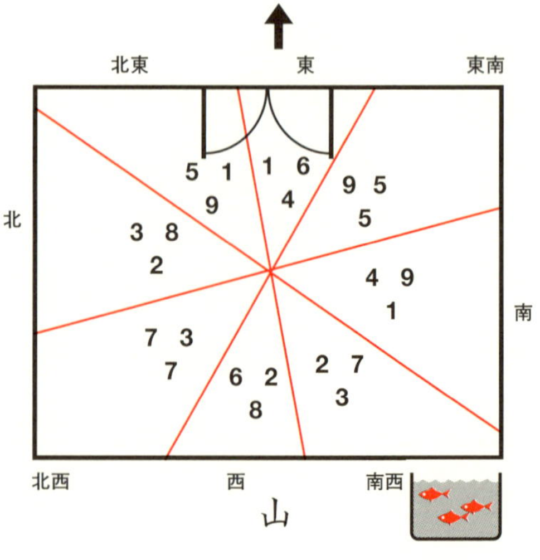

水星５は悪い土ですから、五行の「金」のアイテムで洩らして弱める必要があります。そこで東南方位の玄関に、金属製の丸時計を掛け、銅製の香炉を置くことにしました。すると翌日、「ピタッと不良品の苦情電話が止まり、やけに静かになった」と報告してくれました。

そして、できるだけ東南方位の玄関を使わず、北西の出入口を使うようにしました。なぜなら、北西方位の水星３と北方位の水星８は河図の関係で結びつき、第８運では水星８の効果が得られるからです。

次に、工場全体を見なければなりません。飛星チャートの中宮には山星８が入囚しています。2004年からの20年間は社内の人間関係に問題が生じる傾向があります。入囚を解除する方法は、外に「動水」を設置することです。そこで、南西方位の工場裏に大きな水槽を置き、社長の趣味である魚を飼い始めました。南西方位は第８運の零神《れいしん》方位でもあり、経済面に強い効果が期待できます。

南西方位は水星７であり、第８運に動水を配置することは原則としてタブーです。しかし、この鑑定は2006年でしたので、第７運の影響が残っていると判断しました。この判断は微妙で難しいところですが、新しい三元九運に入ってから約３年は前の運（このケースでは第７運）の気が交じり合っている状態と考えるのです。

第６運　庚山甲向

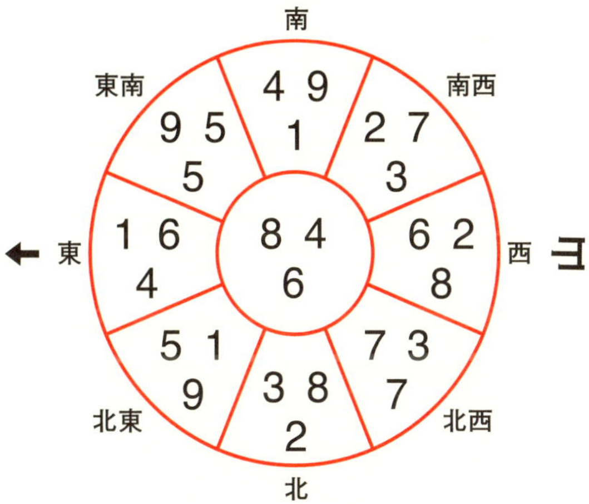

このケースでは、水星２や５の改善は行いませんでした。なぜなら、工場内には金属のマシーンが一面に配置されており、すでに金属による改善がなされていたからです。水星８と９も、工場外に他の建物が山となっており死んでいましたので使用できませんでしたが、零神方位のみのピンポイントの活用で効果を上げることにしました。

改善後まもなくして、予定外の仕事が入ってくるようになり、5000万円の大口の仕事も舞い込んできたそうです。

【ケース10】ラーメン屋の新規開店

2010年にオープンしたラーメン店のケースです。すでに店舗も決まっていたので、できるだけ風水を良くすることで対応しました。ラーメン店の激戦区にもかかわらず、オープン当初から予想以上に売り上げているようです。

第8運に建てられた丑山未向《うしざんひつじこう》の建物ですので、水星8が南西方位、山星8が北東方位に入る、四大格局の旺山旺水《おうざんおうすい》という理想的な飛星チャートとなっています。

建物前方の南西方位は大駐車場となっており、広く明堂が確保されています。旺山旺水の合局条件である前方に空間（水）を満たしています。この店舗の明堂と玄関が、南西方位の水星8にあります。駐車場への車の出入り、そしてお客さんの店への出入りにより、常に水星8を活性化するデザインとなっています。

店の玄関を入ると、南西方位から西方位を通って客席に行く構造になっていますが、河図理論によって8と3の組み合わせが生成されているので悪くありません。レジはなしで券売機を水星3の方位へ置きましたが、水星8と水星3が結びつくので良い効果を生み出しています。

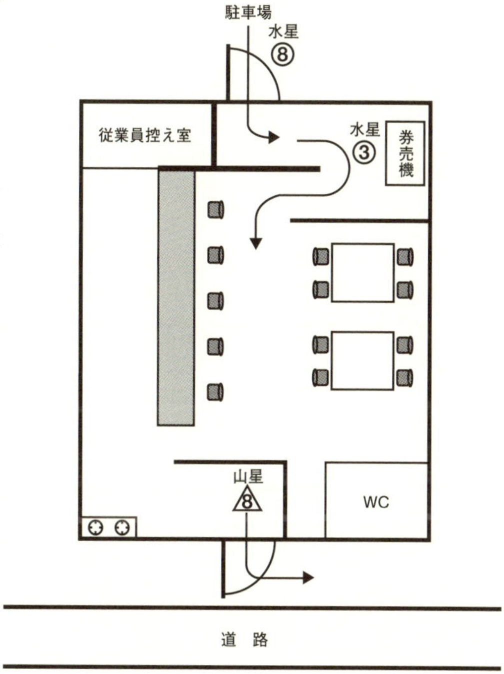

2010年は年飛星が８なので、南西方位に年飛星の５がやって来ます。南西方位は玄関であり、重要ポイントになりますので、ウィンドチャイムを掛けることを提案しました。ウィンドチャイムは五行の「金」なので、水星８も弱めてしまいますが、５の悪い影響を抑えることが先決です。風水改善では良いものを伸ばすことも大切ですが、それ以上に、現状より悪くならないことを優先させるのです。

飛星チャートは旺山旺水であり、水星８が常に活性化して水の条件を満たしている経済的繁栄の見られる店舗です。ラーメン店が入居する前に入っていたうどん屋は、その場所でガッチリ儲けて他に店を購入したため出て行ったそうです。財運にはたいへん有利な店舗であることがわかります。

しかし、この建物の欠点は店裏（北東方位）に出入口と道路があることです。裏出入口と道路によって山星８が殺されています。すなわち、店内の人間関係に問題が出る可能性があります。特に８は若い男性を表しますので男性従業員に問題が出ます。実際、勤めていた若い男性従業員が無断欠勤などで解雇されており、男性は勤めが続かない店舗のようです。弟子を育ててチェーン展開を考えているようですが、この店舗の構造では若い男性の弟子は育ちにくいでしょう。

第８運　丑山未向

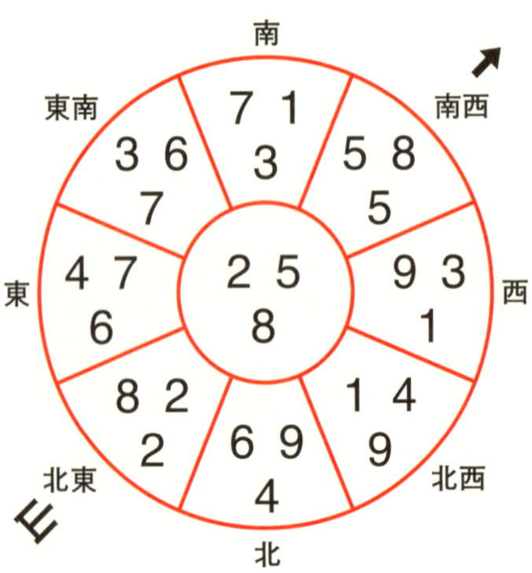

【ケース11】３日でランチが満席になったレストラン

2004年オープン当初は、お客さんの入りも絶好調のイタリアンレストランでしたが、２年目の2006年頃から急激に客入りが悪くなったケースです。この機会に店の風水を改善してみたいと依頼を受け、私が鑑定指導しました。

お店前方の南西方位と南方位は駐車場となっており、明堂は広く理想的な状態になっています。南西方位に駐車場出入口があり、水星９が活性化されています。

店の南方位には大きな木があり、店のシンボルとなっていますが、木は山星９をサポートしています。さらに、建物の後方、北方位には二階建ての家が山（玄武）となり、山星８がサポートされています。このレストランでは人間関係の調和が生まれます。実際、お客さんとマスターとの信頼関係が強く、非常に親密な関係にあるようです。

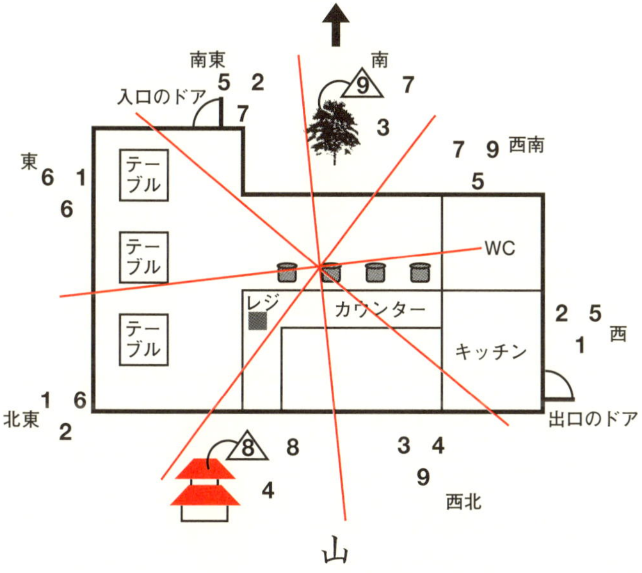

しかし、開店から２年目で常連以外のお客さんは激減してしまいました。風水的には、３つの原因がありました。

１つ目は、2006年は年飛星３が中宮に入り、１年間のロック（入囚《にゅうしゅう》）が掛かっていることです。中宮の水星は３ですから、お金に関してロックが掛かっています。水星のロックは収入面に悪い影響を与えますが、建物外に「水」を設置することで解除できます。第８運の建物でしたので、双星会坐の合局条件を考慮した上で、北方位に水（噴水）を設置しました。

２つ目は店の玄関方位です。玄関は東南方位で水星２となっています。玄関は、レストランにとってお客様が出入りする最も重要な場所ですから、悪いエネルギーが配置されている場合には必ず改善しなければなりません。２は病気を象徴しますので、飲食店では食中毒などに注意しなければなりません。具体的な改善は、相洩サイクルから五行の「金」を使用して水星２の悪いエネルギーを洩らすことです。

３つ目はレジの配置方位です。レジは北東方位に置かれていましたが、北東方位の水星は６で、第８運ではパワーがありません。また、北東方位は八卦の艮であり、「山」を象徴しています。山には「動かない」という意味がありますので、この店のレジは「回転しない」ことになります。そこで、レジを第８運で最もパワフルな水星８が

第８運　壬山丙向

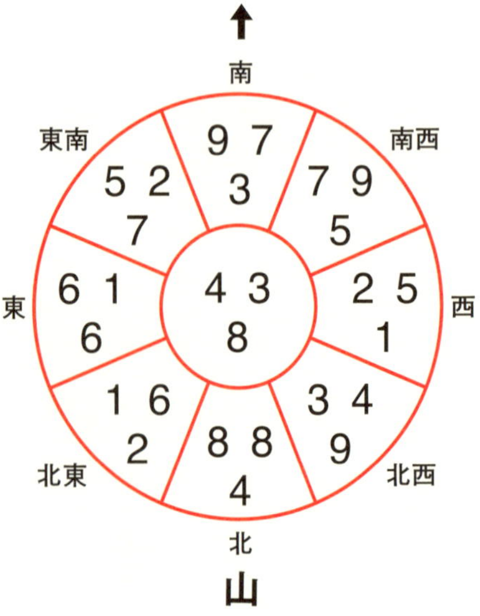

ある北方位へ移動しました。

３つの改善で、その３日後から突然来客数が多くなり、ランチタイムが連日満席状態になりました。改善月は急激に売り上げが上昇し、前年月比の80%アップになったようですが、じょじょに落ち着き、平均して30%アップを保っているようです。

【ケース12】四代続く老舗パン屋の風水

大正時代から四代続くという老舗パン屋のケースです。いつ訪れてもひっきりなしにお客さんが出入りしている繁盛店で、全国にフランスパンを卸している店です。何代も続く老舗や名家というのは、知らず知らずに良い風水を選択していることが多いものです。運が強い秘訣は、風水にあります。

店の中央が入口となっています。入口は人の出入りがあるので水星８が支配しています。第８運では水星８の入口は、たいへん強い金運を呼びこみます。重要なレジの位置も、西方位の水星８に配置されています。

飛星チャートは双星会向です。双星会向を合局させるには、前方に山と水が必要です。

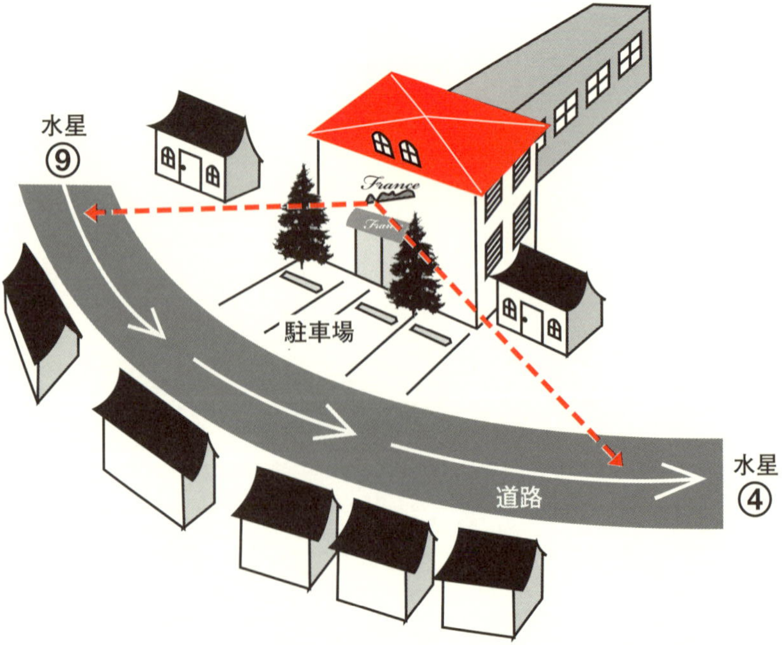

店の前は駐車場で、明堂として機能しています。明堂は水星８を活性化しています。また、明堂の前に北西方位から南西方位へと流れる道があり、道の反対側には建物が立ち並んでいますから、山が存在して山星８をサポートしています。つまり、山と水の条件を備えた双星会向の合局の建物です。

店の前には大きな木があり、「山」としての機能の他、相剋サイクル（木剋土）の関係から、木が水星８（土）を刺激して、さらに経済面を活性化しています。また、道の流れを見ると、北西方位の水星９から傾斜して水（車）が流れて水星８を動かして、南西方位の水星４へ流れ去っていきます。水は財を司り、旺となる水星からの来水《らいすい》があり、衰となる水星へ去水《きょすい》があることは繁栄条件になります。水星９からの来水は吉兆です。風水的にいくつものが良い条件が重なる珍しいケースです。

第８運　卯山西向

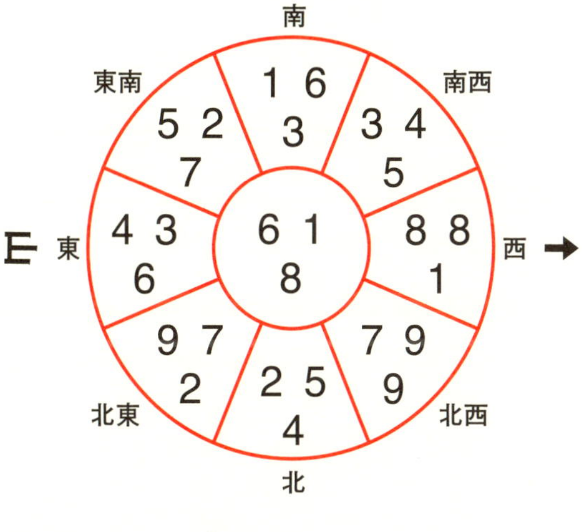

【ケース13】シャングリ・ラ東京ホテルの風水

シャングリ・ラ東京ホテルは、2009年に日本に登場した外資系のラグジュアリーホテルです。東京駅に程近いビルディング群の中に位置しています。玄空飛星派で判断する前に、まずは伝統風水の巒頭派《らんとうは》で見てみましょう。

ビルの背後（玄武《げんぶ》）には、シャングリ・ラ東京ホテルより高いグラン東京ノースタワー、ホテルの左側（青龍《せいりゅう》）には丸の内中央ビル、右側（白虎《びゃっこ》）には第２鉄鋼ビルが存在しています。左側の青龍となるビルディングが、右側の白虎となるビルディングよりも高く、青龍砂と白虎砂の理想的な高低差になっています。

ホテル前方の明堂《めいどう》に関して、１階の前方は丸の内トラストタワーＮ館が建っており、一見、明堂が存在していないようにも思えます。しかし、シャングリ・ラ東京ホテルの明堂は１階ではありません。シャングリ・ラ東京ホテルのフロント・ロビーは1階ではなく28階の中央付近にあります。28階の北方位にラウンジがあり、一面ガラス張りで東京の景色が一望できます。建物は視界に入るものの、シャングリ・ラよりも高いビルディングは皆無であり、オープンスペースが大きく広がっているように見えます。これを広い明堂として解釈します。

ラウンジから北を眺めるといくつかのビルが案山《あんざん》として存在しています。また、その奥には“東京スカイツリー”も案山となっています。案山により、ラウンジ内の人の意識が散らされることはありません。少々変則的ですが、シャングリ・ラ東京ホテルは巒頭派の「四神相応《しじんそうおう》」の思想を盛り込んだ風水になっていることがわかります。

次に玄空飛星派で見てみましょう。

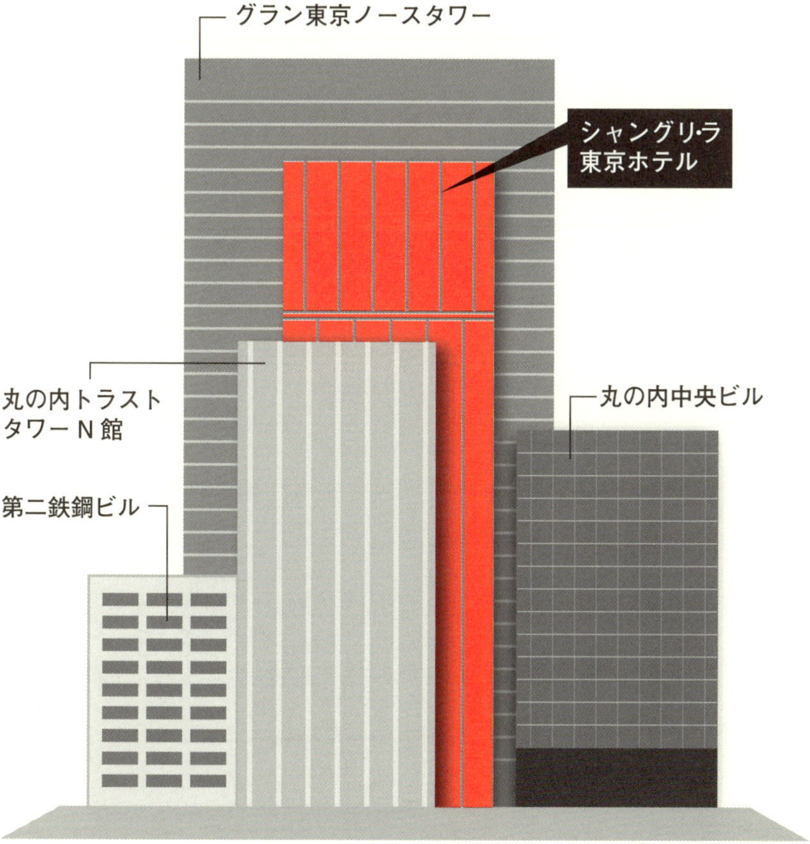

第８運の午山子向の建物になりますので、玄空飛星派で見ると四大格局の双星《そうせい》会坐《かいざ》のビルですが、水星９が向にあることに注目します。水星９は、次の第９運に最も強力なエネルギーを持つ星ですが、第８運の今でも非常に強い影響を持っています。本来、このような飛星チャートは双星会坐となるものの、山星８と水星９によって旺山旺水《おうざんおうすい》の飛星チャートと同じに解釈できますから、お金にも人にも強い風水になっていることがわかります。

28階のフロントは、南を背にして北向きに配置されています。風水では良い山星を背後に、良い水星を前面に持ってくることが理想的な配置になりますが、このフロントは山星８を背にして水星９の方位を向いています。

１階の玄関はビルディングの北東方位にあります。玄関は水星７が支配し、第８運は退気となっているので水星の配置を間違えているように思えます。しかし、シャングリ・ラ東京ホテルは玄関が斜めにカットされていることに注目します。ビル全体が「子」方位を向いているのに対し、“玄関の向き”（玄関の“位置”ではない）が「丑」方位を向いているのです。

このように玄関が斜めにカットされている場合には、未山丑向《ひつじざんうしこう》（第８運）で飛星チャートを作ります。

未山丑向で飛星チャートを作成し直すと、北東方位の水星は８となり

第８運　午山子向

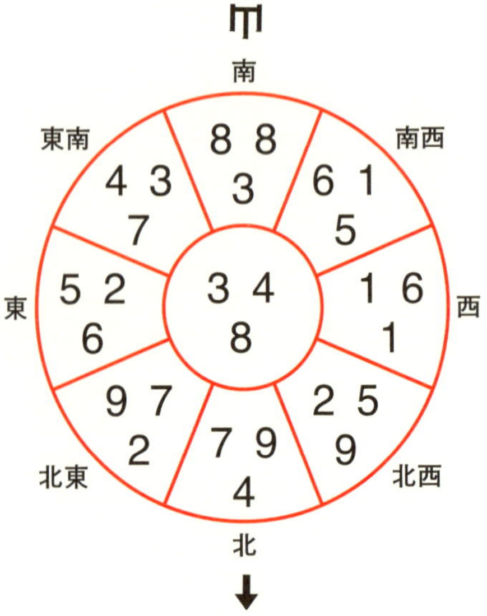

ます。玄関の向きを斜めにすることにより、第８運（2004年～2023年）で最もパワフルな水星８を１階の玄関に飛星させ、ホテル内に大きな金運を取り込む工夫がなされているのです。この玄関の向きを傾ける技術は、「沈氏玄空学《しんしげんくうがく》」の中の「陽宅《ようたく》三十則《さんじゅうそく》」に書かれており、香港のスタンダード・チャータード銀行や、シンガポールのグランドハイアットホテルにおいて風水師が実際に使っている技術です。玄関を傾けることで、お金の入り方を加速させるテクニックなのです。

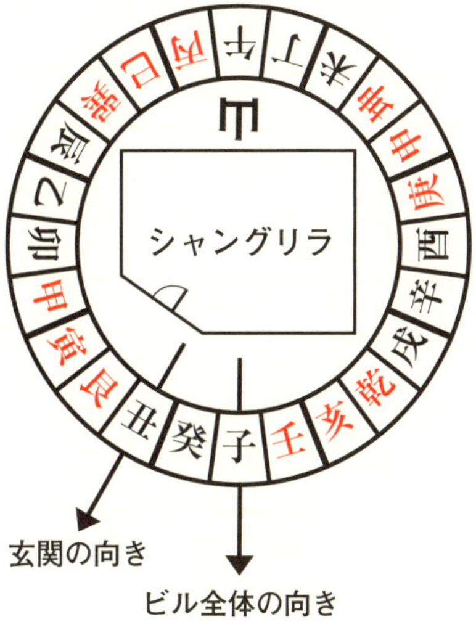

第８運　未山丑向

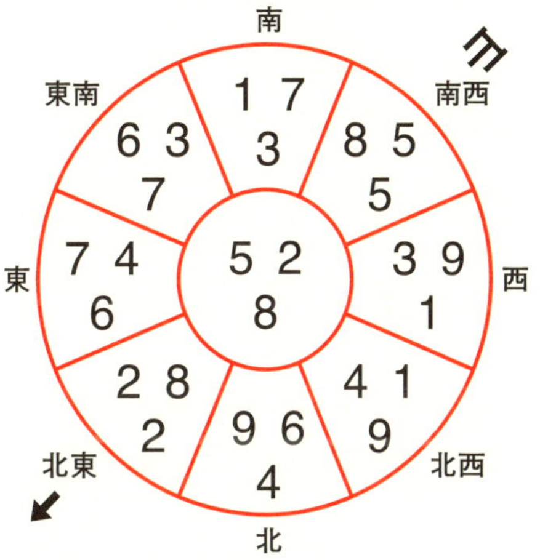

第十章 “健康・妊娠”の風水

1 “健康”をサポートする風水

健康は山星がテーマになります。健康は主に１日の３分の１を過ごす寝室で作られますから、山星８や山星９のある部屋を使用することが良く、特に八字《はちじ》(四柱推命《しちゅうすいめい》)で運の巡りが悪い人は、こうした部屋を使うことで、大難を小難に抑えることができます。

寝室の構造は閉じた静かな空間であることが望ましいとされます。なぜなら、オープンで活動的な空間では山星は水に落ちて死に、水星の影響が強まってしまうからです。経済面だけに気をとられて水星ばかりを活性化しようとすると、健康運に大きな問題が出ることがあります。

本来、風水では「お金」よりも「人」を優先させます。お金を持っても、健康でなければ意味を失ってしまうからです。山星８と山星９のある方位は「閉じた静かな空間」に改造し、山星から良い影響を受けるように工夫しましょう。

2 “妊娠”のエネルギー

子どもが欲しいのに不妊に悩む人も少なくありません。風水では子宝運をアップさせるいくつかの方法が存在しますが、子宝は寝室の山星の配置が鍵になります。山星８や山星９が望ましく、特に、第８運は子どもを象徴するので山星８を使用することを最優先とします。

ただし、３と８の組み合わせや、４と８の組み合わせが現れる方位に関しては注意が必要です。なぜなら、３や４は五行の「木」を表し、相剋サイクルより８（土）を攻撃しますので、たとえ妊娠してもこの方位を使用することで流産の可能性が出てくるからです。また、２と１の組み合わせも流産の可能性があるため、できるだけ避ける必要があります。

【ケース14】乳癌マンション

2007年に念願の海の見える高級マンションを購入し、入居後２年目で乳癌になった女性のケースです。

東南方位には海が見え、飛星チャートの水星８は活性化されています。玄関は南西方位にあり、水槽が置かれています。南西方位は水星１が支配しており、零神方位でもあるので経済面は悪くありません。

南方位に何棟かのマンションが建ち並び山となっているものの、他の方位に同等高さの建物はなく、山星８は完全に水に落ちており、健康には悪いマンションです。さらに、南方位のマンションは山星５をサポートし、健康に悪い影響を与えています。

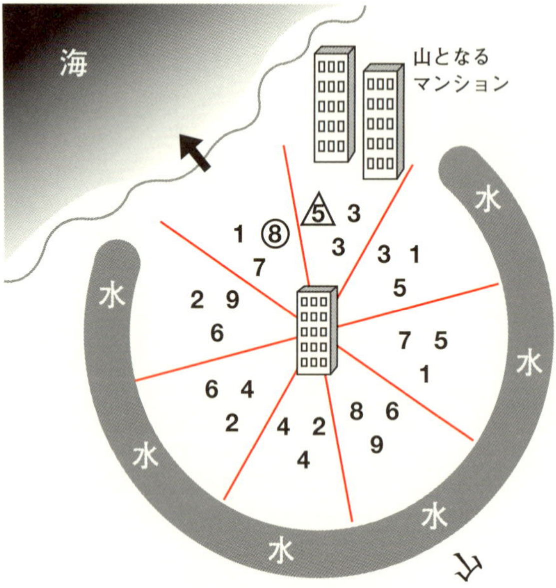

飛星チャートを見ると中宮に山星９と水星７が入っています。火剋金の関係により、命卦７の人には不利な飛星チャートになっています。命卦７（兌）の人が住むと、７が象徴する胸、口、コミュニケーションなどの事件・事故・問題が起

こる可能性の高いマンションということです。

寝室は北西方位にありましたが、周囲に山星をサポートする建物がなく、山星８が完全に水に落ちて死んでいます。旺山旺水の飛星チャートで水が活性化されていても、巒頭による山星のサポートが無いと、良い飛星チャートとは言えません。住宅の風水では「お金」よりも「人」を優先するからです。

特に命卦７の人にとっては健康に悪いマンションとなっており、結局、住人である命卦７（兌）の女性には、入居後２年目の2009年の暮れに乳癌が発見されました。2009年は年飛星９（五行の火）が中宮に入りますのでさらに火力が強まり、命卦７を剋しています。

飛星チャートの中宮はその家全体の傾向性を表します。中宮に住人の命卦の数字が現れた場合は、使用する方位エリアに限らず、家全体からその命卦の人に影響が出やすくなりますので、入居する際は注意しなければなりません。

第８運　乾山巽向

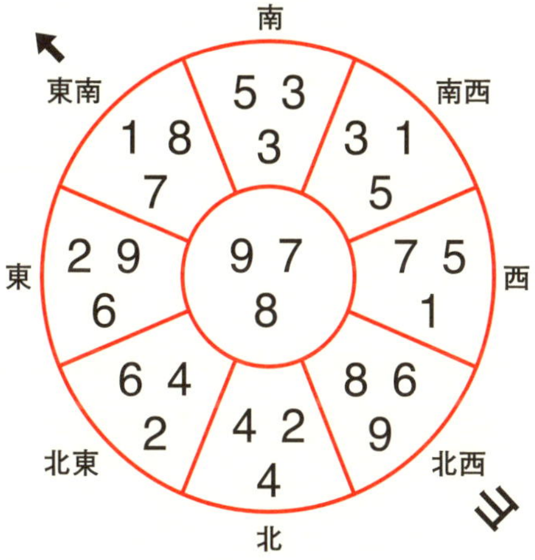

【ケース15】パブを徘徊する男

結婚しているのにフィリピンパブを飲み歩く男性のケースです。健康に大きな問題をはらんだ風水になっていました。

最初に注目したのは北方位のキッチンです。北方位は飛星チャートの山星９と水星６の組み合わせになっています。相剋サイクル（火剋金）により、９が６を攻撃している状態です。９は火であり、さらにキッチンは火を使いますから、火力は強くなります。６は八卦の乾であり、乾は人物では「主人」、身体では「頭」を表します。すなわち、北方位は一家の主人の運が燃やされる運命にあることを象徴しています。家族が主人に反抗的になる可能性があります。

伝統風水の古典『玄機賦《げんきふ》』には「火照天門《かしょうてんもん》、必當吐血（火が天門を照らすと吐血する）」と書かれています。要するに、火が天門（北西）にあると、その家の

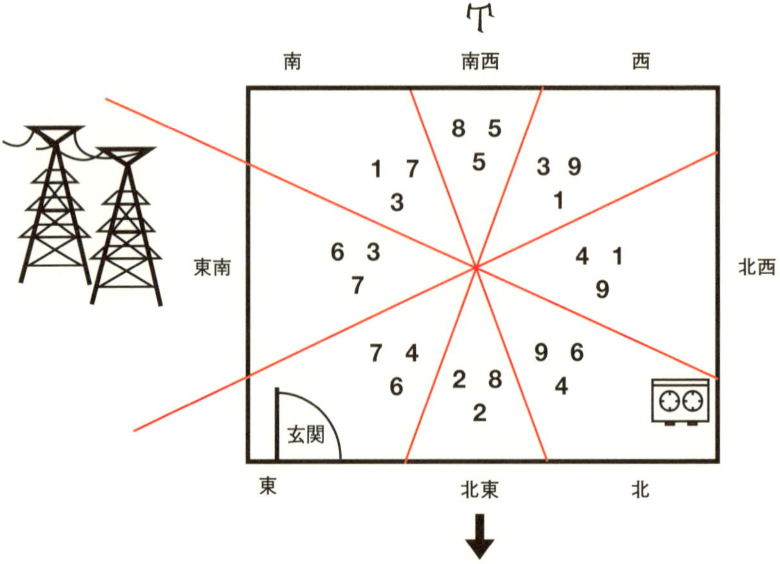

主人は吐血するという意味です。現代的解釈では、キッチンが北西方位にあると主人が肺病になると考えてもよいでしょう。また、北西方位に赤色や三角形の建造物があれば「火」と見なし、主人の運を燃やしていると考えます。玄空飛星派では、さらに柔軟に解釈し、６と９の組み合わせが現れたら、「火照天門」と解釈します。

この家の東南方位の外には変電所があり、高圧電磁殺《こうあつでんじさつ》がありました。東南には山星６があるので、主人の健康に問題が起こります。６は五行の「金」ですから、高圧電磁殺（火）から主人が攻撃されている象意を持ちます。実際、この家の主人は猛烈な頭痛に襲われ、また、頭に出来物があって塗り薬を使用しているとのことでした。

医者からは、「頭の出来物は原因不明です。一生付き合っていくようだね」と言われたそうです。しかし、その後、変電所と家の間に新しい家が建ち始めた頃に、一生付き合うはずだった頭の出来物が突如消えたそうです。高圧電磁殺からの影響が弱まったと考えるのが妥当でしょう。たいへん興味深い現象です。

第８運　未山丑向

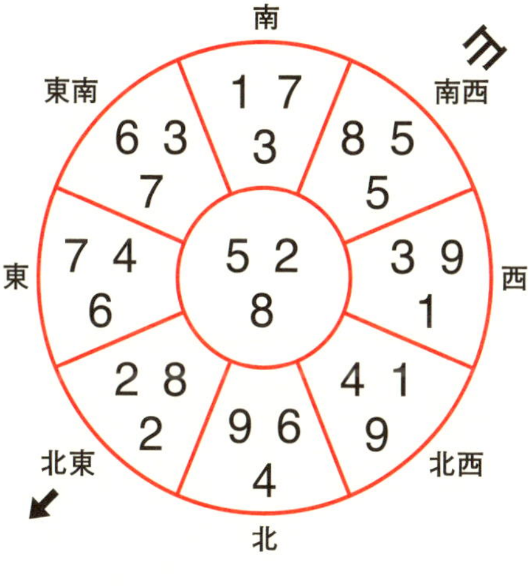

玄関は東方位にあります。山星７と水星４ですから、水星４が支配しています。

４は桃花を意味します。そして、７と４の組み合わせは相剋サイクル（金剋木）ですので、女性スキャンダルがありそうです。玄関は女性のパワーが強く、この家庭が女系になることを象徴しています。

この家の主人は飲食店を経営していました。玄関を見れば、すぐにお店のアルバイトの女性のことで揉めごとがあると判断できます。と言うのも、４が７に攻撃されて妻のパワーが強くなり、女性のことに口出ししてくる可能性があるからです。実際にアルバイトの女性のことで夫婦喧嘩になっていたようでした。

この家の主人がフィリピンパブなど女性のいる飲み屋を徘徊していたのは４の悪い現象によるものですが、家で妻に圧倒されているための憂さ晴らしもあるかもしれません。

６と９、４と７の組み合わせの悪さが顕著に出ており、玄空飛星派の理論通りとなっている興味深いケースです。

【ケース16】本当は怖い道路工事

公共事業による道路工事は、よくある光景です。しかし、公共工事は周辺住民に甚大な被害をもたらす可能性があります。2006年、ある建物の西方位で水道工事が始まり、突然、住人（祖母、母親）の具合が悪くなり、寝込んでしまったケースです。

2006年は三碧の年です。年飛星３が中宮に入りますので、西方位には年飛星５がやって来ます。五黄は災いの引き金であり、動土（道路工事、土地造成など）することで、その建物の住人に何らかの形で災いが引き起こされます。五黄を犯したときによく見られる現象は、自動車事故や病気などです。

五黄は悪い土ですから、五行の「金」で洩らして弱めなければなりません。このケースでは工事現場と家の間に南部鉄の風鈴を吊り下げたところ、祖母と母親の体調は急速に回復し、直ぐに布団から起き上がれたそうです。

五黄方位での動土は非常に強い影響力を持ち、すぐに現象として出てくるケースが多いです。特に八字《はちじ》（四柱推《しちゅうすい》命《めい》）で悪い運の中にいる人は影響を受けやすいでしょう。

２００６年の年飛星

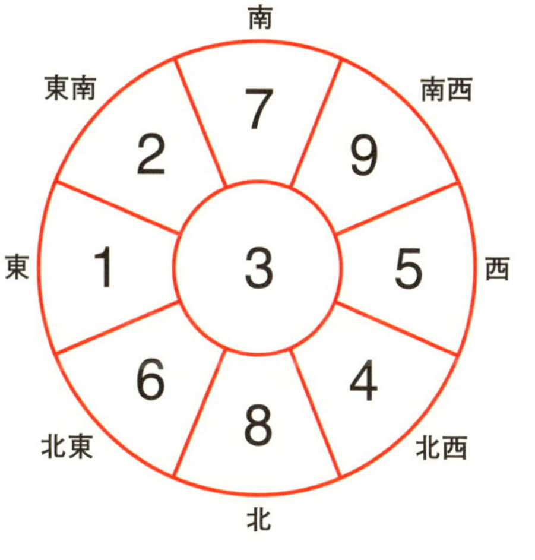

風鈴（ウィンドチャイム）は動土の悪い影響から守ってくれるアイテムです。近隣で工事が始まることを察知したら、すぐにウィンドチャイムで対策

すべきです。

【ケース17】子宝を引き寄せる風水

流産と出産が連続して起きたアパートのケースです。このアパートでは年飛星の影響が大きく、流産と出産に関わってきました。飛星チャートの水星と山星の判断に加え、「年飛星《ねんひせい》」や「月飛星《つきひせい》」を調べることで、より詳細な判断が可能になります。

アパートは第７運に建てられた双星会向の建物です。双星会向は「人」に悪い建物ですので、妊娠など人が増える方向には進み難くなります。

寝室は北西方位にありました。寝室は閉じられた空間であり山星４が支配しますが、第８運の山星４は住人に良い影響を与えません。九星の四緑には、「憂鬱症」や「流産」という凶の意味があります。

2008年、この家の主婦は妊娠したものの流産してしまいました。憂鬱症の気も多少あったようでした。これは山星４の影響です。2008年の年飛星は１であり、北西の年飛星が２になりますので「病気」を意味します。九星の二黒には「流産」の意味もあります。

2009年に再び妊娠した後、寝室を北方位の部屋へ移動しました。北方位には山星８があり、「子ども」を意味しています。第８運に子どもが欲しい時、山星８か山星９のある部屋を寝室とすることが重要です。子どもを妊娠する可能性のみならず、美容、そして健康増進に役立つからです。

しかし、2009年は年飛星５が北方位にきていましたので、金属製品を置いて悪い影響をカットするようにしました。金属製品は５と同時に８も弱めますが、それでも山星８の影響力は残りますし、５の悪い影響を抑えることの方が重要です。

子宝に恵まれずに悩む方は多いですが、玄空飛星派の風水を利用することで妊

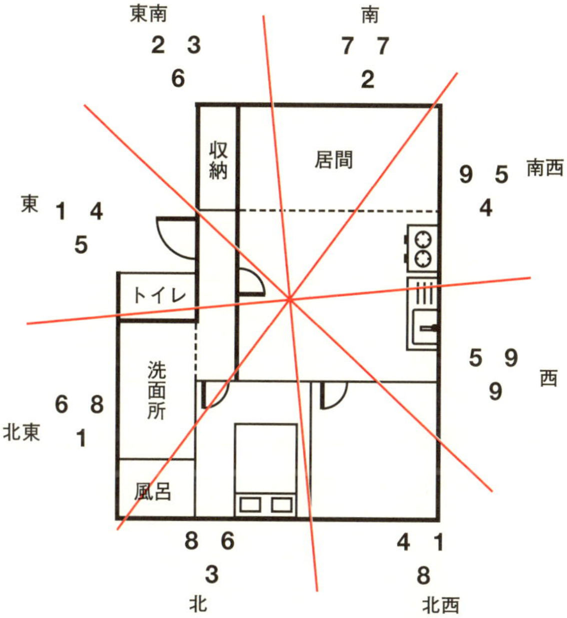

娠の可能性が一気に高まります。さらに方位と時期（年月）を合わせることで、計画的に子どもを妊娠することもできるでしょう。不妊治療をしてもなかなか恵まれない方は、風水を選択肢に加えるのも悪くありません。

第7運　壬山丙向

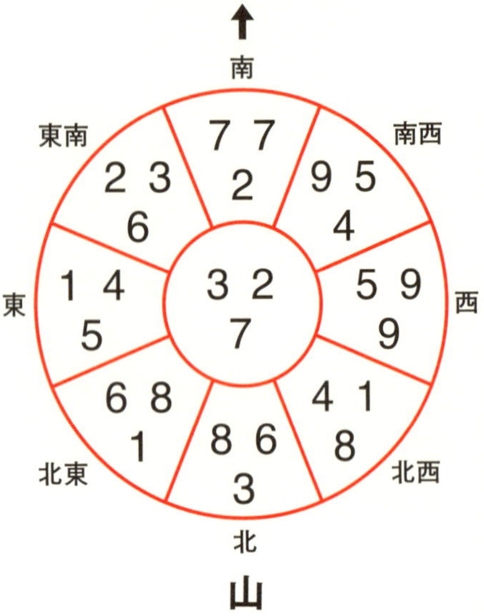

２００８年の年飛星

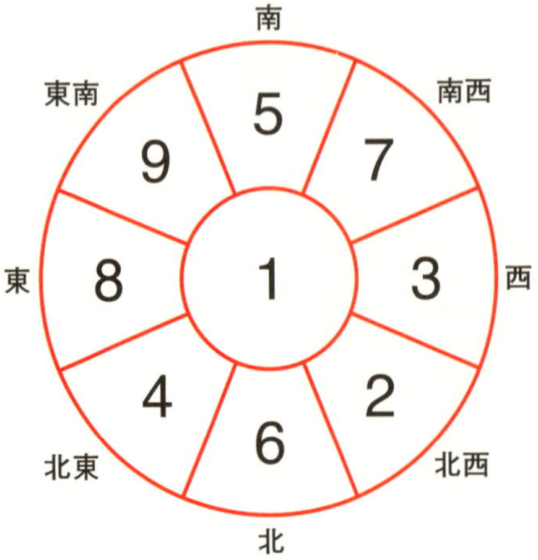

２００９年の年飛星

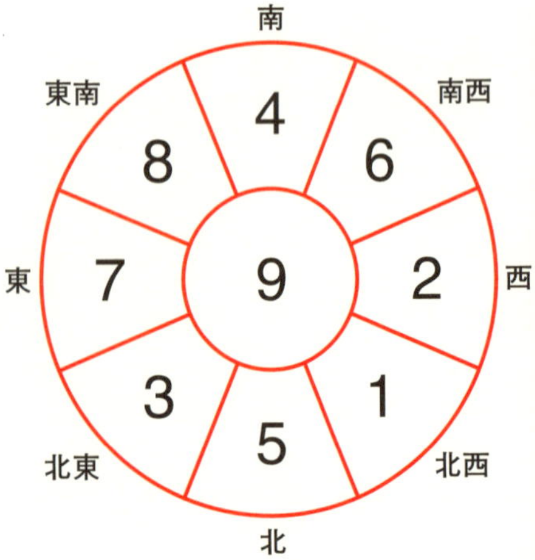

第十一章　“トラブル・怪我”の風水

“トラブル・怪我”のエネルギー

トラブルとは人が起こす事柄であり、代表的象意としては、警察沙汰、裁判、泥棒、裏切り、事故、怪我などです。飛星チャートに現れる組み合わせで、特に注意を要するものは、２と５、２と３、３と７、６と６、６と７です。

三元九運のサイクルにもよりますが、第８運（2004年～2023年）は、２と３、３と７の組み合わせは、人とのトラブルで裁判が起きやすくなります。また、６と６、６と７は金属による怪我や、突発的な事故に巻き込まれることが予測されます。特に、６は強い金であり、自動車などの乗り物による事故、刃物や機械による事故や怪我に注意しなければなりません。

２と５は最悪の組合わせですので、必ず五行の「金」による改善をする必要があります。特に玄関や寝室に入る場合は、最優先で改善しなければなりません。

【ケース18】遺産分割裁判

風水鑑定の依頼を受けたときには、遺産分割に伴う兄弟喧嘩から話がこじれ、裁判へと発展する段階でした。

第７運の双星会坐の建物（アパート）ですが、向となる北方位に水星８が入り、第７運（1984年〜2003年）の間は、飛星チャート自体は旺山旺水《おうざんおうすい》と同じ影響力を持ちます。しかし、坐の南方位は町を見下ろせる構造となっており、水星７は活性化され経済面に良い影響を与えますが、山星７は死んでいるため、人間関係の調和に問題が出る建物となっています。

中宮には山星２と水星３の組み合わせがあります。２と３の組み合わせを、風水では「鬥牛殺《とうぎゅうさつ》」と呼びます。伝統風水の古典『紫白訣《しはくけつ》』には「鬥牛殺起惹官刑（鬥牛殺は官刑の問題を引き起こす）」と書かれています。要するに、２と３の組み合わせ（鬥牛殺）が現れると、刑事事件や裁判など“官”の問題が起こるということです。中宮は建物の傾向を表しますから、この建物には裁判など争いやトラブルのエネルギーが宿っていることになります。

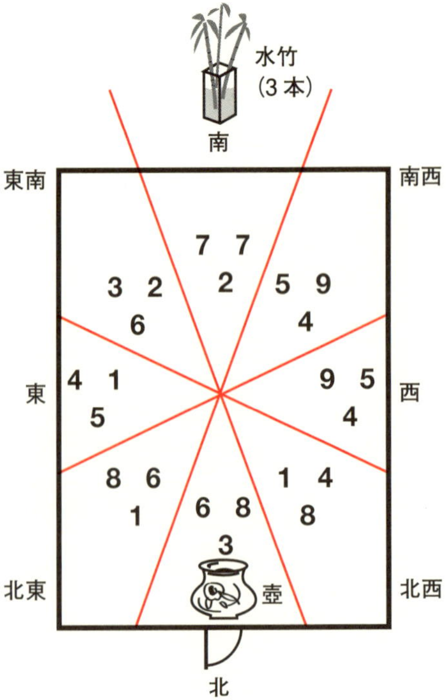

玄関が北方位にあり、オープンスペースもあるので、引き続き第８運

(2004年～2023年) も水星８が活性化されお金に強い建物ではありますが、南方位の水星７も活性化されているために、収入面に悪い影響を受け、第七運ほどの金運は期待できません。この建物はアパートのユニットであり、東側と西側は両方位とも別ユニットとなっていました。

鑑定時 (2007年) は年飛星７が北方位に入っていたので７が水星８を弱めています。さらに７と６の組み合わせも現れます。伝統風水の古典『紫白訣《しはくけつ》』では「交劍殺興多劫掠 (交劍殺は多くの略奪を引き起こす)」と書かれています。交劍殺とは、６と７の組み合わせを意味しています。つまり、この建物の住人に「争い」や「強奪」といった現象が起こりやすくなります。

水星８のある北方位に陶器を置いて８を強化し、南の水星７に対し四角い水の入った容器に三本の竹を入れて改善をしたところ、突然、訴えが取り下げられたそうです。

第７運　丙山壬向

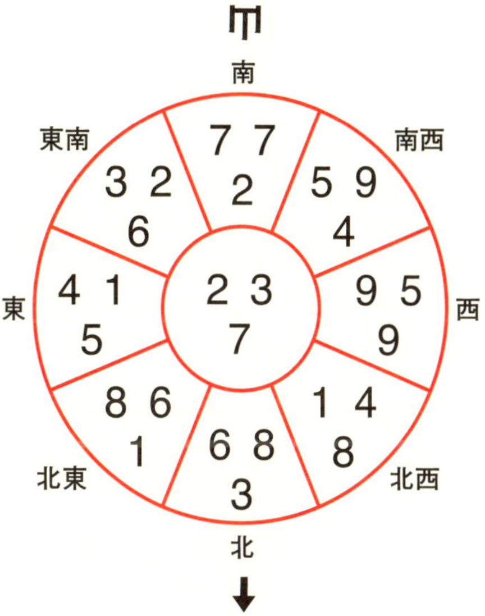

【ケース19】怪我を予測していた玄関

特定の方位に山星６と水星６の組み合わせが現れた場合、権力闘争に力を発揮する半面、突発的な事故が起こる可能性があります。６は強い金を表し、刃物や戦車を象徴しています。

特に、建物内の重要場所である玄関・寝室・リビングに６と６の組み合わせがあると、金属刃物・機械による怪我や、自動車事故が起こりやすくなります。これは、2010年に中年男性が事故で左腕に大怪我を負ったケースです。

怪我を負った中年男性の住む第６運の癸《みずのと》山《ざん》丁《ひのと》向《こう》の建物は、玄関が南方位にあり水星６と山星６が入っていました。６は五行の「金」ですから、金に関する事

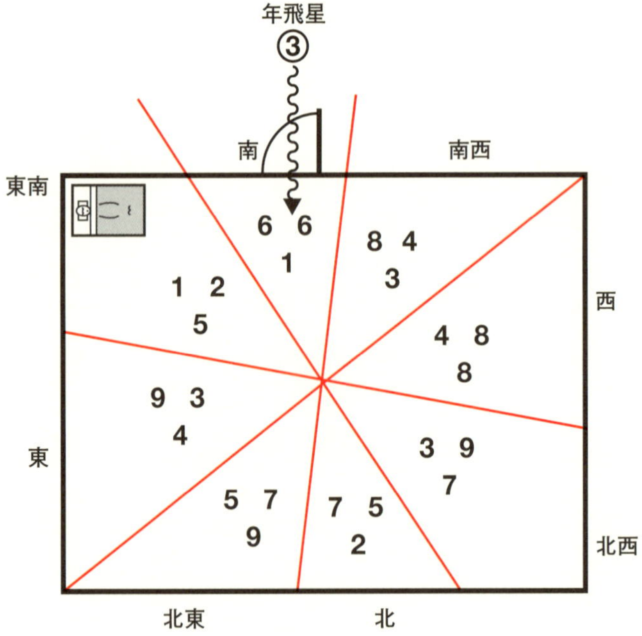

象が現れると予測します。彼はプレス工場に勤務していました。プレスの機械は五行の「金」に他なりませんので、機械の取り扱いには最大限の注意を払う必要があります。

2010年は年飛星の８が中宮に入り、玄関の南方位には年飛星の３が入ります。九星の３には「左手」の意味があります。３は五行の「木」なので、金剋木で６が３を切りつけているため左手の怪我に注意すべきですが、結果的に彼はプレスで左手に大怪我を負いました。

また、彼は東南方位の水星２と山星１の部屋を寝室としていました。相剋サイクル（土剋水）により２（土）が１（水）を攻撃していますので、中年男性には特に不利に働くことになります。なぜなら、八卦の坎（１）には「中年男性」の意味があるからです。

時として風水は私たちに人生の恐ろしい局面を垣間見せます。毎年、風水予測をしていると、「まさか、そんなことが起きるとは……」ということが現実になるケースもあるのですから、一年に一度、信頼できる風水師から風水予測をしてもらい、不運を回避するアドバイスをもらうのはたいへん重要なことなのです。飛星チャートに書かれている数字の象意が現実の事件となってしまうのですから、真面目に研究すればするほど、風水とは恐い学問であると感じさせられます。

第６運　癸山丁向

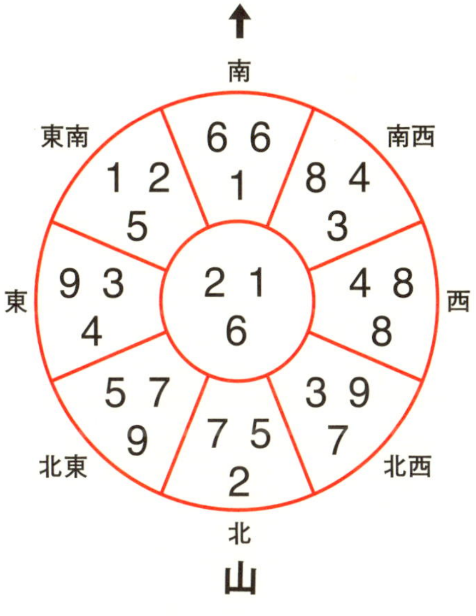

【ケース20】妻の万引き

このクライアントは、八字《はちじ》（四柱推命《しちゅうすいめい》）による運命鑑定で、2010年には警察に関わるトラブルが起こる可能性を予測していました。念のため、「風水を見ておいた方が良いだろう」と伝えてありましたが、そのままになっていて、後に不運にも予測が現実化し、慌てて「風水を見て直して欲しい」と飛んできたケースです。

クライアントのマンションは、第７運の乾山巽向《けんざんそんこう》であり、玄関を開けて外を見

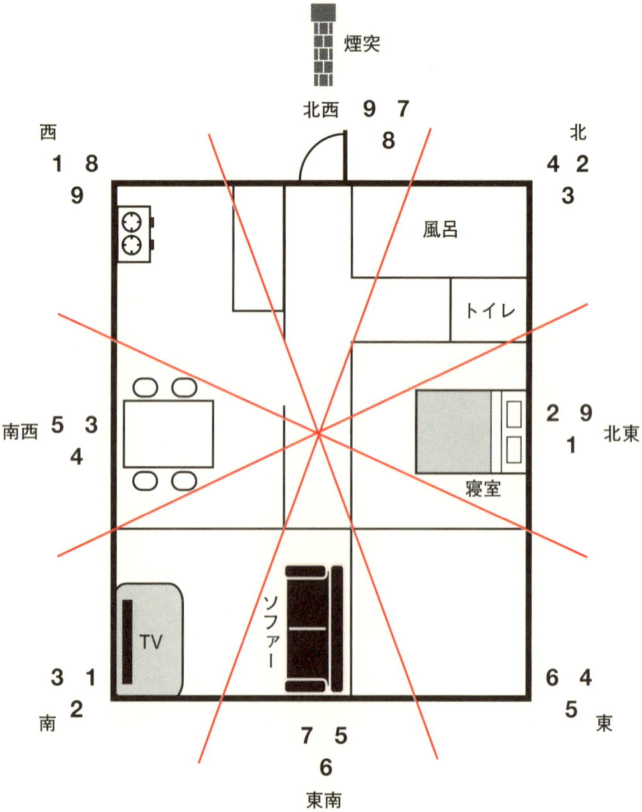

ると、高い煙突のような棒が真っ直ぐ目の前に立っています。これは巒頭による「頂心殺《ちょうしんさつ》」で、玄関の飛星と併せて考慮すると、凶兆を示しています。

飛星チャートは上山下水《じょうざんげすい》であり、特殊格局の連珠三盤卦《れんじゅさんばんか》ですので、もともとのパワーが弱く、お金と人に良くない飛星チャートです。

玄関は北西方位にあり、山星９と水星７があります。９と７の組み合わせには、「主人の不在」という象意があります。この家の主人は家族のために昼間働き、さらに夜勤アルバイトをして生活費を捻出しているため、ほとんど家に居ないことがわかります。

玄関は水星７であり、泥棒被害が考えられます。競争や警察の関わるトラブル、あるいは胸の病気が起きそうです。玄関には赤いインテリアが施されていました。赤は五行の「火」になりますので、相剋サイクルの「火剋金」の関係より、７のエネルギーが活性化され凶兆です。
頂心殺《ちょうしんさつ》と理気殺《りきさつ》が合併して凶象を確実なものにしています。

第７運　乾山巽向

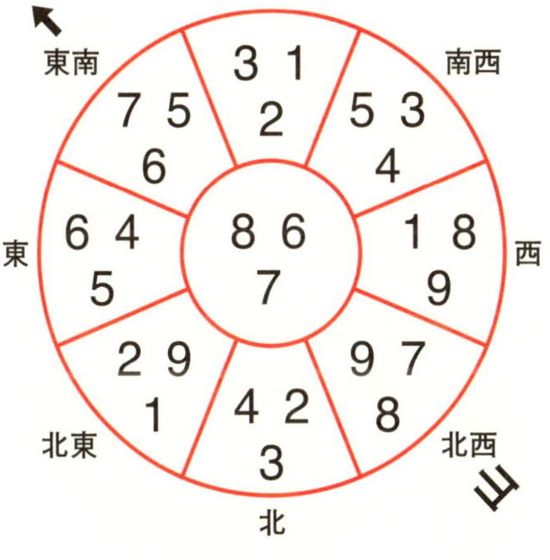

南西方位のリビングには水槽が設置されており、３を活性化していました。玄関の水星７と併せて人間関係のトラブルによる訴訟や喧嘩の象意が現れています。また、３と５の組み合わせは、さらに官のトラブルを誘発しています。このケースでは、奥さんの万引きという形で現れました。九星の７には「女

泥棒」の象意もあります。

2010年は年飛星８であり、北西方位には年飛星９が入ります。９は７を攻撃（剋）して７の働きを強めて悪い影響が大きくなります。『紫白訣《しはくけつ》』には、９と７の組み合わせは「九七合轍、常招回祿之災（九と七が出合うと、火の災いを招く）」と書かれています。火事になる可能性もあり、ろくな意味ではありません。

２０１０年の年飛星

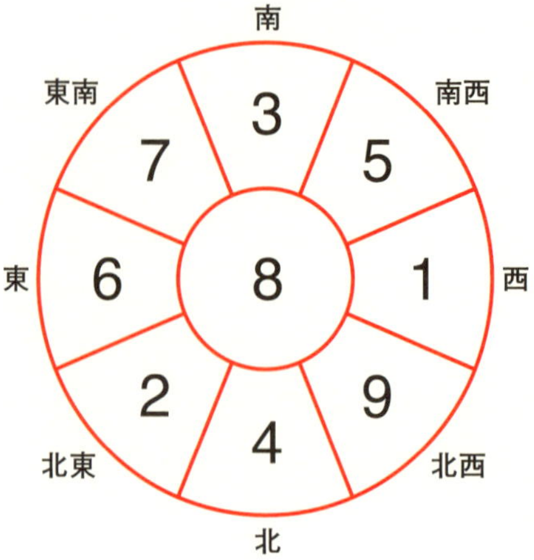

さらに月の飛星も見ていきます。2010年11月は月飛星が２であり、北西の月飛星は３となっています。乾山巽向のマンションですので、北西の玄関方位には宅卦７が入ります。つまり、玄関に７と３の組み合わせが現れますので、さらに泥棒の象意が色濃くなります。

宅卦と２０１０年１１月の月飛星

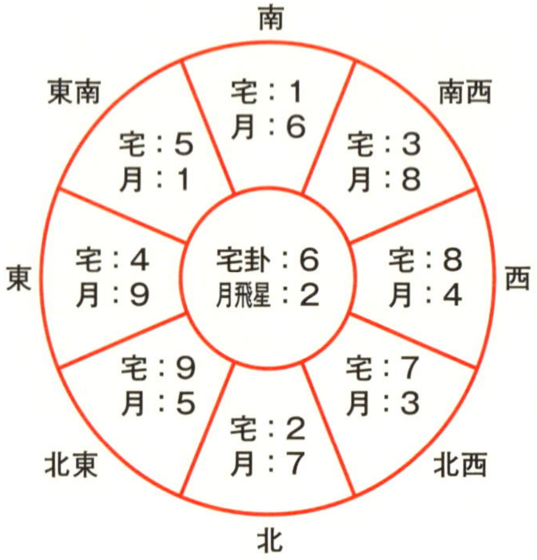

寝室は２と９であり山星２が支配しています。年飛星は２が入り病気の予兆をさらに強めていますが、月飛星には５が入っています。２と５は最悪の組み合わせで、病気のみならず夫婦の

運気に悪い影響を及ぼします。

この家の夫婦はともに命卦・艮（8）であり、中宮に山星8があることから風水の影響を全面的に受けやすくなっています。マンションの中央は、本来、廊下で通り道なのですが、荷物が山積みにされており、まったく気の通り道がありません。荷物が置いてあることで、入囚《にゅうしゅう》の影響も強く出ていました。

このチャートでの第8運は、人間関係の調和に20年間ずっと不運を受けることになります。2010年は年飛星も8ですから、20年間の入囚《にゅうしゅう》に加えて1年間の入囚が重なり凶兆です。

マンション全体の風水が、何から何まで悪い方へ向いており、これでは犯罪の一つや二つは起こっても仕方がないと実感させられました。

【ケース21】泥棒に入られた蕎麦屋

2007年９月に泥棒に入られた蕎麦屋の話です。早朝、店に出ると、店横の道路にレジが転がっていたそうです。レジの中には6800円しか入れてなかったので、大きな被害にはならずにすんだそうです。実は、この2007年始めにした風水アドバイスで、「今年は泥棒に入られやすいですから、鍵を厳重にして貴重品は置かないようにして下さい。特に９月は危険な月です」と伝えて注意を促してありました。不幸にも当たってしまいましたが、被害が少なくてすんだのは幸いでした。

店の人たちは北西方位の入口を使用していました。山星９と水星７ですが、入口は水星７が影響力を支配しています。泥棒に入られた2007年は第８運であり、７は悪い影響を与えています。具体的には人間関係のトラブルや競争、そして強盗や泥棒という象意となって現れてきます。

2007年は二黒の年です。年飛星２ですので、北西方位には年飛星３が入ります。飛星チャートには水星７があり、年飛星３が現れるときは３と７の組み合わせの「泥棒」の象意が現れてきますので、特に注意しなければなりません。

第７運　亥山巳向

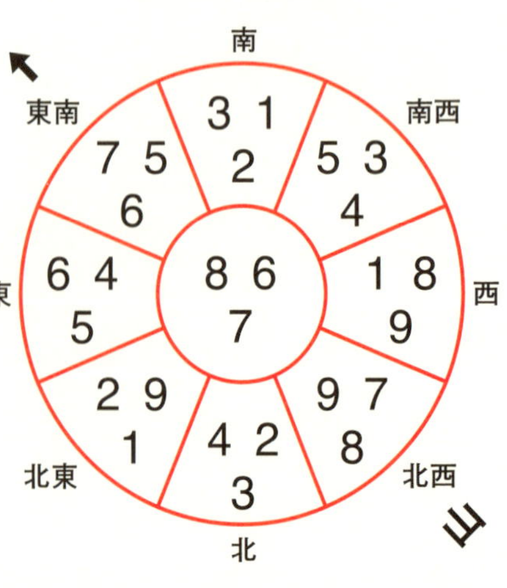

さらに９月は月飛星が４になりますので、北西方位の月飛星は５になります。５は災いの引き金になりますので、泥棒には特に注意を要する月になります。玄関は人の出入りが多い場所なので、エネ

ルギーの移動が起こりやすく、建物全体に影響を及ぼします。年飛星や月飛星の５が玄関に入るときは、危険な年月であると判断します。

次に、宅卦《たっか》と年飛星を検討してみましょう。

亥山巳向の建物ですから、坐方位は八卦の「乾」になります。乾は数字の６ですので、中宮に６を配し、他の数字を順行させます。

北西方位には宅卦７と年飛星３が入っています。７と３の組み合わせには泥棒の象意があります。

７と３の組み合わせに関して、『紫白訣《しはくけつ》』には「七逢三到生財、豈識財多被盗（七と三が出合うと、財が生まれるが、その財は盗られてしまう）」と書かれています。これは、「先に７の存在している場所に３が来ると、お金が来るが盗られてしまう」という意味です。要するに、泥棒に気をつけるべきと書かれています。

２００７年の年飛星

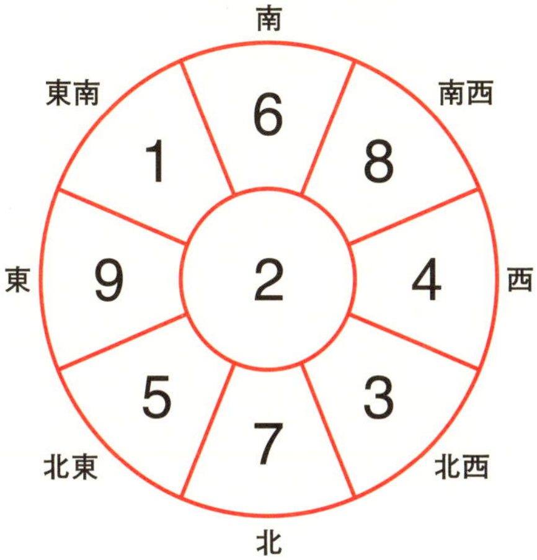

２００７年９月の月飛星

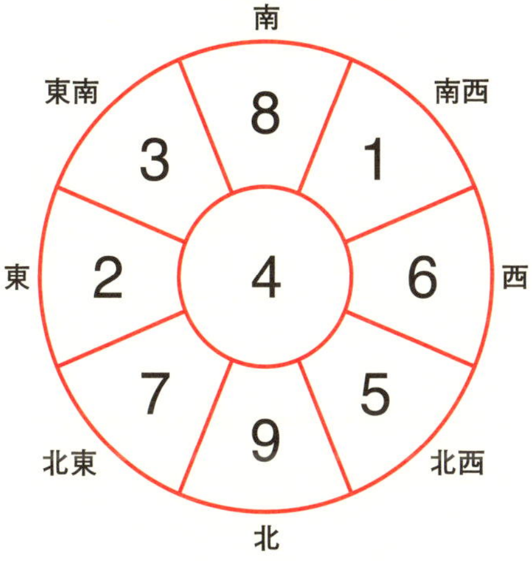

山星と水星、宅卦と年飛星の両方の組み合わせで３と７が現れていますので、非常に高い確率で泥棒の被害に遭うことが予測できます。

亥山巳向　２００７年

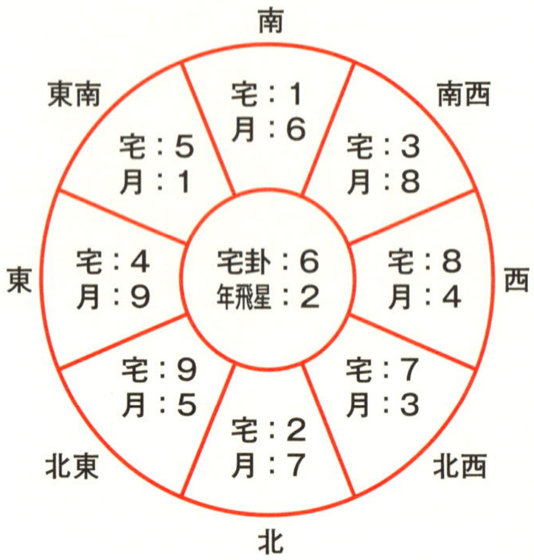

第十二章　外装と内装の風水改善法

1　外装の改善ガイドライン

ここでは、建物の外装についての改善を紹介します。風水では環境からの悪いエネルギーを抑えることが重要です。玄空飛星派に関しても、建物周辺や建物内の環境から受ける悪い影響を改善していきます。

例えば、第８運の甲山庚向の建物から、南西方位に東京タワーが見えるとしましょう。三角形の電波塔である東京タワーは、五行の「火」として分析します。東京タワーが玄関や窓ガラスから見えるとき、飛星チャートの数字（７と９、５と９、２と５など）との関連で“火災”を予測することがあります。

また、相剋サイクルによって「火」は「金」を剋すことから、火と解釈される建造物、例えば、周囲の赤い建物や、教会など尖った屋根をもつ建物によって命卦の乾（６）や兌（７）の人の運気に悪い影響を与えます。例えば、八卦の「乾」は身体の「頭」を表しますので、命卦が乾の人は脳腫瘍になることもあります。

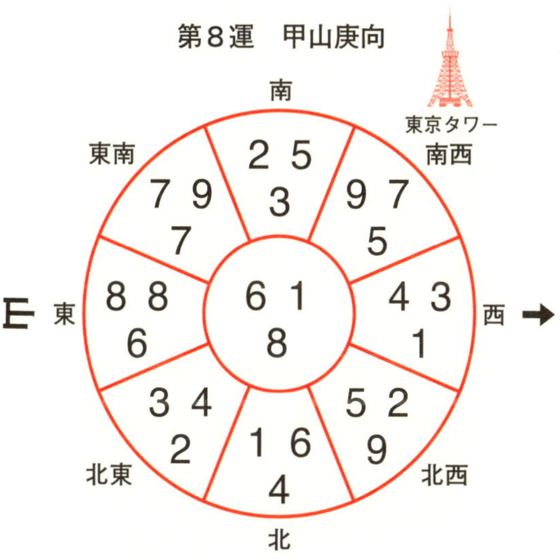

周辺環境の風水（巒頭）はジワジワと侵食するように、私たちの運気に影響を与え続けます。そこに、時間サイクルによる理気の悪さが加わると、非常に悪い現象が現れてきます。風水の力はある日突然、顕現します。具体的な改善として、巒頭を「五行」に評価して対策します。

（1）木煎《もくせん》の改善

街でよく見る光景の一つに、T字路があります。T字路の突き当たりに建物があるのは、風水上、好ましくありません。強く速いエネルギーが建物にぶつかって来るため、良い影響、または、悪い影響が極端に出やすくなります。

多くのケースでは、悪い影響が出やすくなります。物理的にも自動車が突っ込んで来やすい形状であり、特別、風水という必要もないかもしれません。しかし、水星８や水星９のある方位からの木煎の場合は、急激に良い方向に発展する可能性があります。

木煎は五行の「木」と見るので、改善は五行の「火」の象徴を用います。改善には三角形（火の象徴）のオブジェを配置します。しかし、三角形のオブジェと飛星チャートの関連にも注意して下さい。木煎が玄関にぶつかる場合、赤いマットを敷く、又は赤提灯を吊り下げる「火」の改善も有効ですが、ブロック塀を作ったり樹木を植えて、急激なエネルギ

ーを回避する方法もあります。

（2）反弓水殺の改善

道路や河川のカーブの外側の建物は、強く速いエネルギーが建物にぶつかって来るため、家運にたいへん悪い影響が出ます。丸いカーブを五行の「金」と見なして、「水」による対策をすることもあります。例えば、池や黒いオブジェを家と道の間に配置します。また、木煎と同様にブロック塀を作ったり樹木を植えて、急激なエネルギーを回避することもあります。

しかし、五行の対策やブロックによって反弓水殺のすべてを回避できるわけではありません。強く速いエネルギーを防ぐことが不可能な場合、最悪、引っ越さねばならないケースもあります。家選びの段階で、巒頭の悪い場所を避けるようにしましょう。

反弓水殺

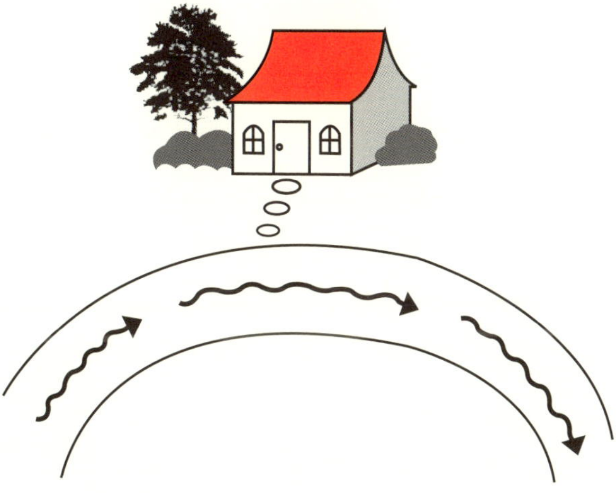

（3）隔角殺《かくかくさつ》の改善

近隣の建物の角が、玄関や窓に向かっている場合です。角は五行の「火」と見なす場合が多いので、五行の「土」で洩らして弱めます。代表的な改善法は、近隣の建物の角と自分の家の間に「土」の改善のための５本の旗ポールを立てることです。しかし、旗ポールを立てる土地が無いケースが多いので、他に、四角いオブジェに５つの石を乗せるという対策もあります。

五行の改善ではありませんが、風水アイテムである「麒麟《きりん》」を角に向けて置く方法もあります。麒麟は、龍の頭を持った四本足の霊獣ですが、巒頭の悪さから発せられるネガティブなエネルギーを緩和する作用を持っています。

麒麟は風水専門店で購入できます。インターネットで検索すれば、数多くの専門店が見つかります。

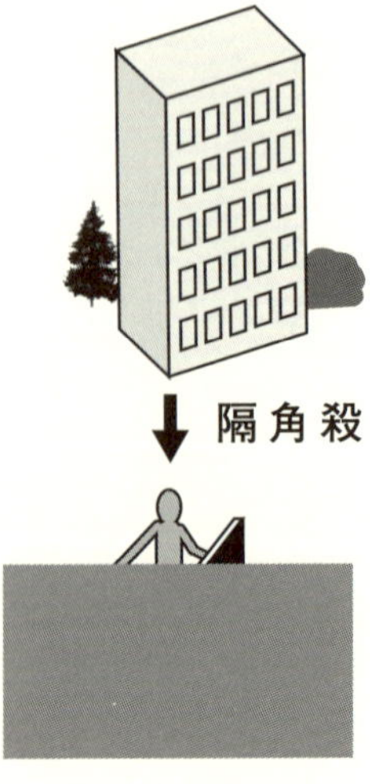

【ケース22】香港ペニンシュラホテルの噴水の秘密

1928年にオープンした香港ペニンシュラホテルは、“東洋の貴婦人”と名を馳せる世界中の人々に愛される超高級ホテルです。2007年には東京都にもオープンし、絶好調のペニンシュラですが、香港ペニンシュラホテルは龍のエネルギーが集まる九龍半島の尖端に位置しているためか、繁栄の理由は、実は風水にあると言われています。

飛星チャートを見ると、噴水は水星３を強める役割を果たしているように見えます。しかし、この噴水はホテル正面の道を挟んだ場所にある「スペースミュージアム（香港太空館）」（金）の影響を弱める役割も果たしています。相洩サイクルにより、噴水（水）で金を洩らして弱めているのです。

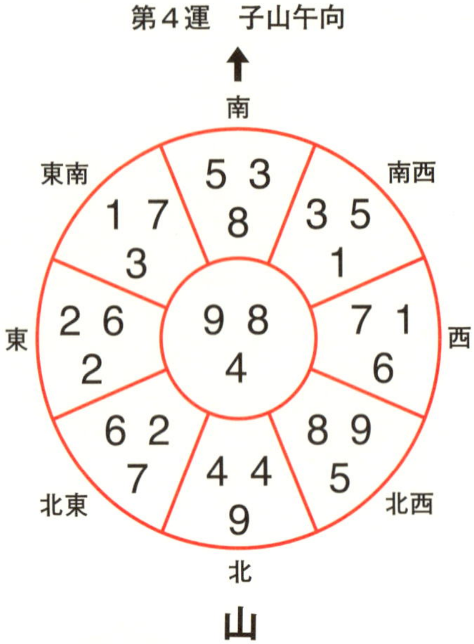

スペースミュージアムを風水的にどう判断すべきかを検討しなければなりませんが、周辺の大きく目立つ建造物は、考慮すべき対象になることは間違いありません。ある時期、香港ペニンシュラホテルのドアマンが次々と病気になったことがあるそうです。真偽は不明ですが、その原因は土饅頭（お墓）を想起させる円形のスペースミュージアムを、終日眺めていたからではと言われていました。

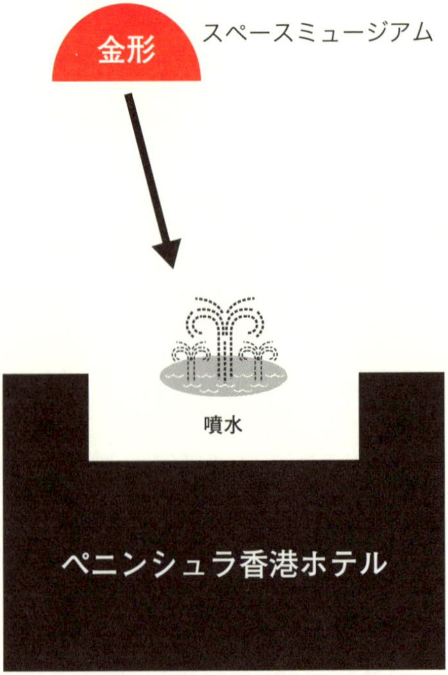

すると、ホテル前の噴水は、経済的繁栄を狙いつつも、案山《あんざん》となるスペースミュージアムの影響を弱めていると解釈することもできます。い

ずれにしても、スペースミュージアムのように大きく目立つ建造物が見える場合、良くも悪くもその影響を大きく受けることになるのは間違いありません。

（4）土地形の改善

多くの場合、土地は長方形型ですが、まれに三角形や台形の土地が存在しています。長方形以外のイレギュラーな土地の場合、風水的に好ましくない場合が多いので、土地の形状を変える必要があります。

■ 三角形の土地

三角形の土地は精神的な不安を引き起こし、住人の運勢にさまざまな悪い影響を与えます。そこで、三角形の土地を、視覚的に長方形に見えるように、樹木を植えたり、花壇や畑を作ったりして改善します。

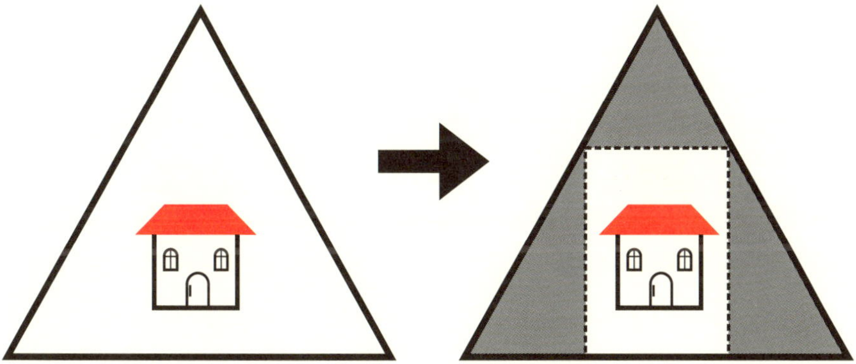

■ 台形の土地

(a) の台形は、お金はなかなか入ってこなくても貯まります。(b) の台形は、お金は入ってきても貯まりません。台形も視覚的に長方形になるように、樹木を植えたり、花壇や畑を作って改善します。

(5) 鬥門殺《とうもんさつ》

玄関が向き合う建物の住人同士は、仲が悪くなる可能性があります。風水では「鬥門殺《とうもんさつ》」と呼び、悪い風水の典型になります。

この場合の改善は難しいかもしれませんが、もし可能であれば垣根やブロック塀を作って視界を遮り、向こう側の隣人と顔を合わせないようにします。

2　内装の改善ガイドライン

（1）外門

建物の割に、門が大きすぎると過大評価を受けやすくなり、責任の思い仕事を負わされます。逆に、門が小さすぎると過小評価され、馬鹿にされることが多くなります。門が豪華すぎると、虚栄心から浪費癖が大きくなり、生活全般に無駄が多くなります。逆に、門が粗末な場合は、堅実さはあるものの夢のない地味な生活になります。建物が低いのに門が高すぎると、人々が離れ、交際範囲が狭くなります。逆に、建物の割に門が低いと多くの人が集まりますが、交際レベルは低下します。

門は建物とのバランスが取れているのが良く、水星８や９の吉方位に配置することが好まれます。

（２）庭

庭は「明堂《めいどう》」になる確率が高くなります。建物の前に美しい明堂があると財が集まります。庭が整理整頓されていると、旅行によく行く傾向があります。明るく、ジメジメしていない庭であれば、時代の変化に機敏に対応して、物事を上手く対処できるようになる傾向があります。

庭が暗く散らかっていると、物事は常に停滞気味で、他人とトラブルを起こす傾向があります。

（３）階段

玄関を入るとすぐに階段がある場合には、速い気が流れ落ちてきて、玄関から出て行ってしまうとされ、風水上好ましくありません。改善策は、階段脇に観葉植物や水槽を配置して、階段からの気の流れを遮断することです。もちろん、観葉植物や水槽は飛星チャートに合わせて水星８や９の方位に配置できると効果的です。

また、階段が家の太極にあると住人に悪い現象が起きやすくなり、風水家相では忌み嫌います。

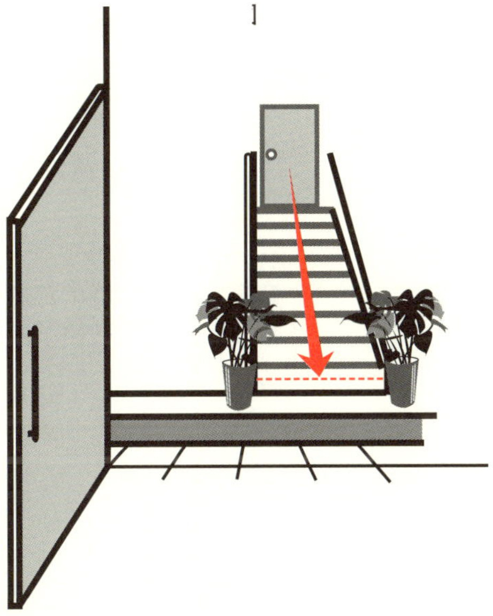

（４）書斎のデスク

デスクの配置も、背後に山、前方に水を置く風水の原理に沿って考慮します。具体的には、背中に壁や本棚、前面にスペースを取るようにします。

（a）はドア側の壁に背を向けているのが良くありません。人の出入りに意識を取られ、仕事や学習に集中できない配置となっています。（b）は顔が壁に向かい、後ろにスペースができてしまい良くありません。背中側でドアからの出入りがあり、心理的に不安定になる配置となっています。（c）は背後に壁、面前にスペースがあり、ドア側の壁に顔が向いています。風水では（c）のようにデスクを配置することが好ましいとされます。

書斎が綺麗で清潔であると、規則正しく仕事をする傾向が出てきます。また、明るく快適であれば、努力することができ、懸命に仕事に打ち込むことができます。逆に、汚く散らかっていると、仕事を早く完成させようとしても、堂々巡りでなかなか終わりません。

書斎は山星８や９の方位に配置するのが良く、水星８や９の方位に顔が向くように、また、ドアの直線上に背中が向かないように配置します。

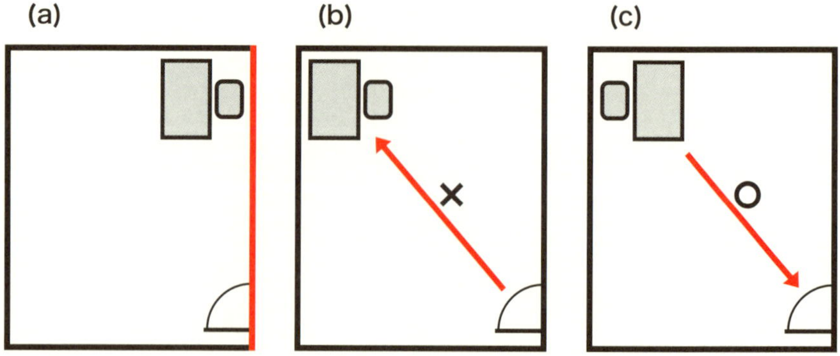

（5）応接ルーム・会議室

応接ルームでは、「面門背壁《めんもんはいへき》」を原則とします。つまり、自分の背中を壁側にして顔がドアに向き、来訪者の背中が入口に向くように椅子を配置します。面門にすることで、自分の意見が通りやすくなります。逆に、背門になると相手の言いなりになってしまいます。

応接ルームが大きいと来客が多くなり、小さいと来客が少なくなります。また、応接ルームが豪華すぎるとレベルの高い人ばかりと付き合うようになり、浪費が大きくなります。逆に、応接ルームが地味すぎると交際範囲は広くなりますが、付き合う人のレベルは低下します。

会議室は議論が活発になり、また、新しいアイディアに恵まれるように、水星８や９にあることが好まれます。

（6）キッチン

玄関からガスコンロが見えるのは、財の消費が激しくなるので凶相です。明るく清潔なキッチンは、良い縁を運んでくるとされ、一家団欒の喜びもあります。逆に、暗くジメジメしたキッチンは家族にまとまりがなく、食中毒にあったり、胃腸をこわしたりします。

キッチンは火を使用するので、飛星チャートの水星８のある方位が良いでしょう。また、３や４の方位も悪い影響を弱めます。しかし、水星８は玄関やリビングに優先して配置されることもありますので、その場合はキッチンの優先順位が低くなっても仕方がありません。

（7）ベッドの配置

ドアの直線上にベッドを置くのは好ましくありません。ドアからの気が身体に当たる部分に問題が起きやすくなります。例えば、ドアの直線上に頭があると、頭の病気になります。衝立を立てて気の流れを変えるか、ベッドの配置を変える必要があります。

ベッドの上の梁《はり》は健康上の問題が起きやすくなりますので、梁が見えないように布などでカバーします。ベッドと壁の間に空間を作ると、気の循環が起こり、落ち着いて眠ることができません。ベッドの足元に鏡を置くのは好ましくありません。寝室にある鏡にはカバーを掛けておくようにします。

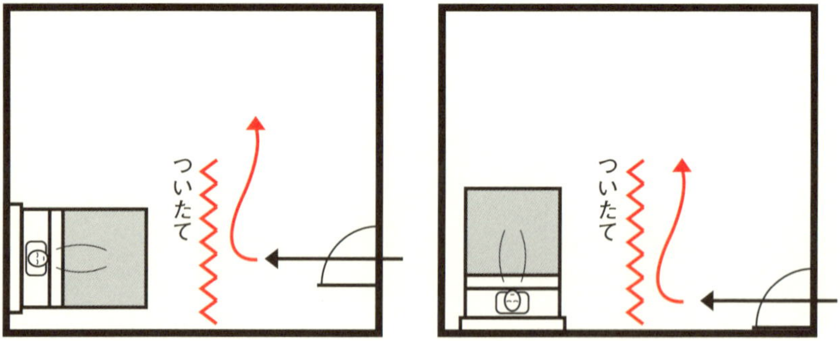

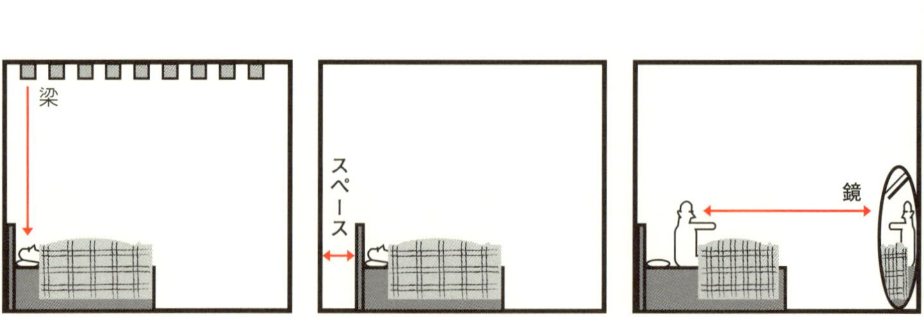

(8) ソファー

テレビなどを水星８や９の方位へ配置して、常に水星８や９に顔が向くように工夫してソファーを配置します。風水では水星８や９に向かうことで、生気が得られると考えます。

ソファーも、ドアの直線上に配置しないようにします。

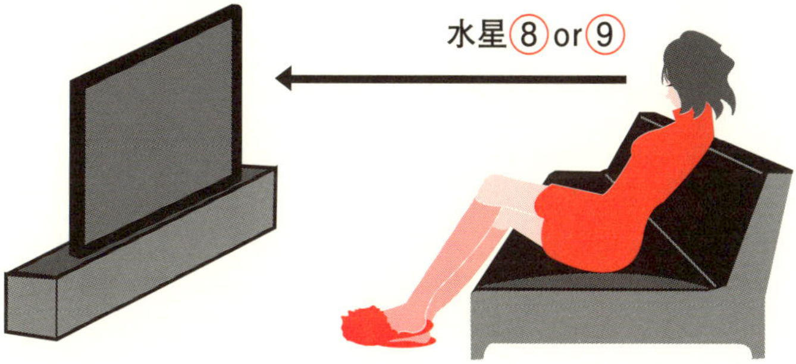

(９) 神棚・仏壇

山星８または９の方位に配置し、水星８または９に向けるようにします。神棚や仏壇は、トイレや風呂の近くには置かず、静かな部屋に配置するようにします。神棚・仏壇もドアの直線上に配置しないようにします。

(10) トイレ

風水では、トイレは健康や精神に影響を与えるとされます。清潔なトイレだと病気が少なく健康的な生活を送ることができますが、汚いと身体の具合が悪くなったり、人から騙《だま》されたりします。トイレが広いと寿命が長くなり、狭いと寿命が短くなります。トイレが豪華であれば、気分も爽やかになり、毎日が楽しくなります。

トイレは水星８や９、山星８や９の方位に配置しないようにします。

(11) 風呂

風水では、風呂場は「色情」に影響します。風呂場が乾いている時間が多いほど、色情に清潔になります。逆に、いつも濡れていると異性に騙されます。また、風呂場を不潔にしておくと、家族に病気が多くなります。

風呂場は水星８や９、山星８や９の方位に配置しないようにします。

(12) ドア・窓

各部屋のドアとドアが向き合っている状態を、風水では「鬥門殺《とうもんさつ》」と言います。鬥門殺《とうもんさつ》があると、家族内でのいざこざが起きやすくなり、不和になります。改善には、ドアの位置を変える、あるいは、暖簾《のれん》を掛けるなどの対策をします。各部屋の太極（小太極）から飛星チャートの良い方位にドアがあることが好ましいです。デザインの段階で、ドアの配置を吉方位になるようにします。

玄関を入って、正面に窓や出入口がある家を「漏財宅《ろうざいたく》」といいます。特に、玄関から入ってきたエネルギーがそのまま外に抜けていくため、財が貯まらないとされます。また長い通路は「穿心堂殺《せんしんどうさつ》」と言われ、速く強い気が流れています。ついたてや観葉植物を置いて気の流れを変えるか、窓にはカーテンを掛けるなどで改善します。

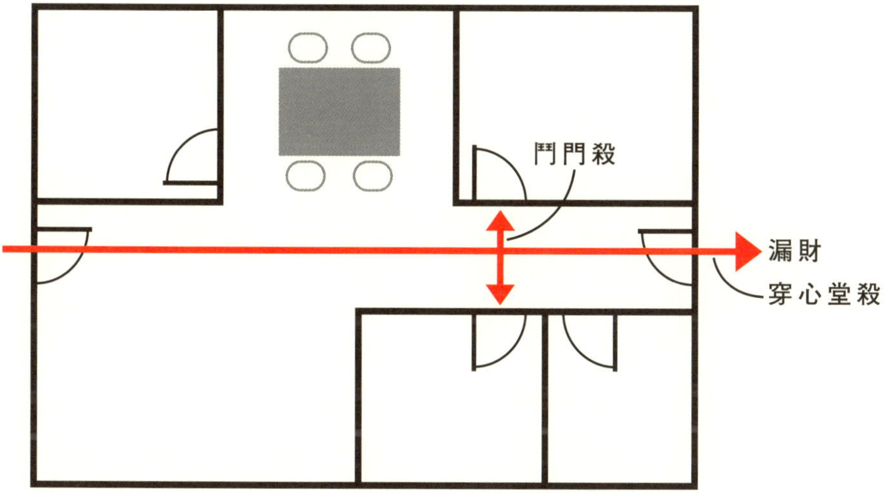

第十三章　秘伝の風水テクニック

1　替星《たいせい》

風水鑑定では15°単位で坐向を測定しますが、まれに羅盤の針が方位の境目を指し示すことがあります。通常、このような場合を「空亡《くうぼう》」といい、飛星チャートの作成は不能になります。坐向が空亡になると、原因不明の病気にかかったり、家族内不和が起きたり、また、金銭面では資産が減少したりします。しかし、注意深く方位を測定し、羅盤の指し示す方位が判明した場合には、その方位でまずは飛星チャートを作成します。その後、「替星《たいせい》」という公式を使用して、再度飛星チャートを作成し直します。

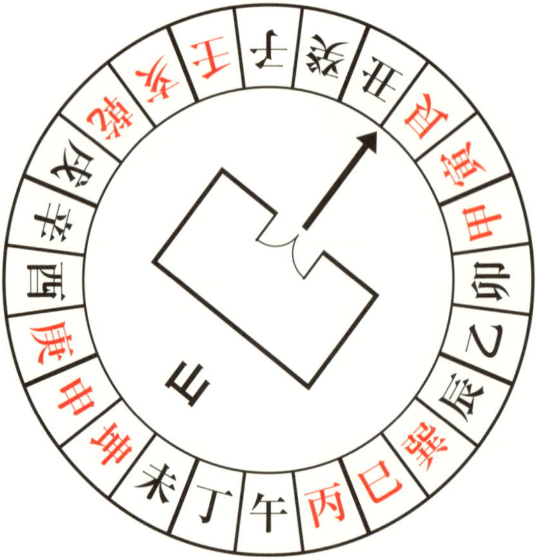

例えば、坐が南西方位となる家の坐向の可能性として、末山丑向《ひつじざんうしこう》、坤山艮向《こんざんごんこう》、申山寅向《さるざんとらこう》の三つがあります。坤山艮向と申山寅向の場合は、飛星チャートが同じになるので問題ありません。しかし、羅盤の針が末山丑向と坤山艮向の境目を指し示した時は問題となります。

境目から左右に1.5° の範囲、つまり方位の境目を中心とした3° 範囲を針が指し示した場合には、『替星《たいせい》』の公式を使用します。

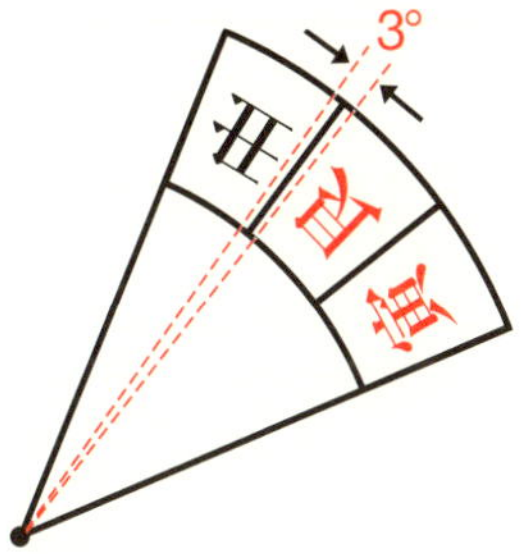

この替星の公式は明王朝末期から清王朝初期まで秘密にされたほどの重要な公式であり、有名な風水師・蒋大鴻《しょうたいこう》によって弟子に伝えられたものです。

—替星公式—

子・癸・甲・申…………………………1

坤・壬・乙・卯・未……………………2

戌・乾・亥・辰・巽・巳………………6

艮・丙・辛・酉・丑……………………7

寅・午・庚・丁…………………………9

起例：第８運　丙山《ひのえざん》　壬向《みずのえこう》

羅盤の針が、「壬」と「子」の間を挿すが、どちらかというと「壬」を指している場合に、壬向として飛星チャートを作成します。

飛星チャートが完成したら、中宮の山星３と水星４に注目します。３は洛書の東の数字です。４は洛書の東南の数字です。このケースは壬向（北１番目の方位）なので、山星３は東の１番目の方位である「甲」、水星４は東南の１番目の方位である「辰」になります。

替星公式から、甲は１、辰は６になります。したがって、中宮に山星１、水星６を配して、再度飛星チャートを作成します。

順行と逆行は、元の飛星チャートと同じになります。山星は順行、水星は逆行させます。

この替星変換後の飛星チャートが、風水鑑定の分析に使用されることになります。

第８運　丙山壬向

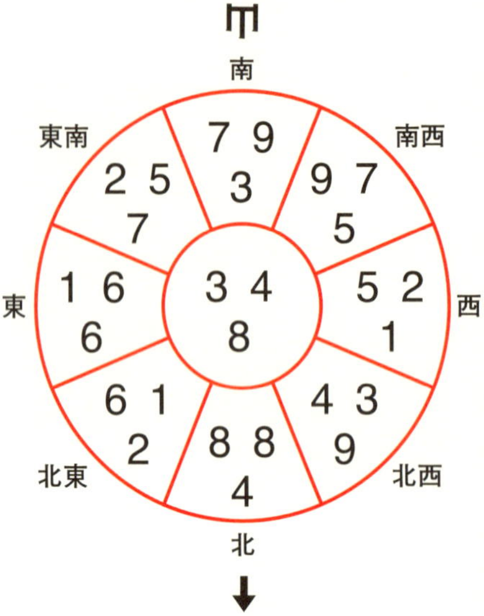

替星変換後の飛星チャート

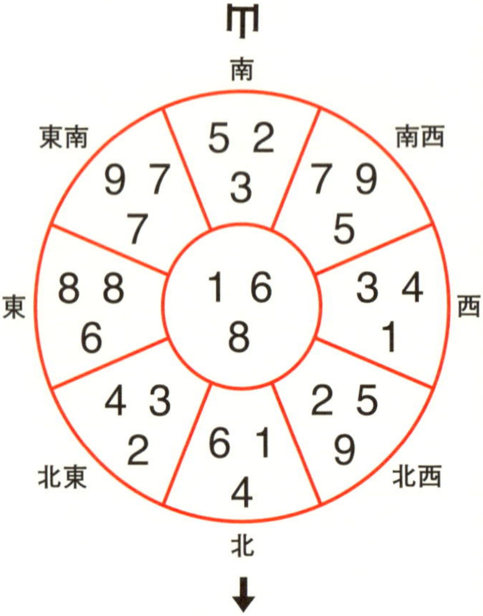

【ケース23】女性アルバイトの作家デビュー

30歳を超えても定職につかず、アルバイトで食い繋いでいる作家志望の女性のケースです。少しでも運を上げて出版デビューの後押しになればと思い、風水を取り入れることにしました。

第７運　巽山乾向

第７運の建物ですが、方位測定をすると、羅盤の針は、辰山《たつざん》戌向《いぬこう》と巽山《そんざん》乾向《けんこう》の境目に位置していました。どちらかというと針は巽山を示していたことから、巽山乾向と仮定して飛星チャートを作成します。

替星変換後の飛星チャート

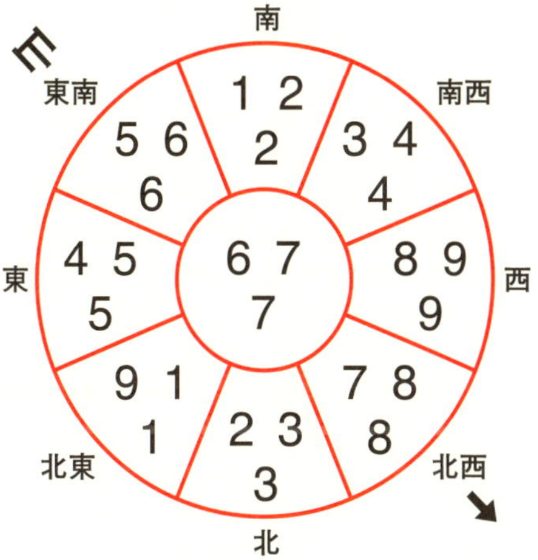

水星８は艮宮に帰属する数字であり、元となる飛星チャートが巽山（東南２）のチャートなので、艮山（北東２）の24山である艮山の数字を選択します。山星６は乾宮に帰属する数字ですので、水星８と同様に、乾（北西２）の24山である乾山の数字を選択します。

替星の公式から、艮= 7、乾= 6となりますので、水星８を７に、山星を

６にして、飛星チャートを書き換えて分析をします。

第７運では水星７が入囚しており、1984年～2003年までの20年間、お金に弱い建物となっています。職業的に恵まれ難くなっていることが分かります。ところが、2004年立春からの第８運では一転してお金に強い建物に変化しています。

具体的には、玄関は北西方位の水星８で、最も強力な運を呼び込むように変わっています。水星８の玄関ですから、職業からの喜びも得られるでしょう。このケースでは、玄関の水星８を活性化するため水槽を設置しました。

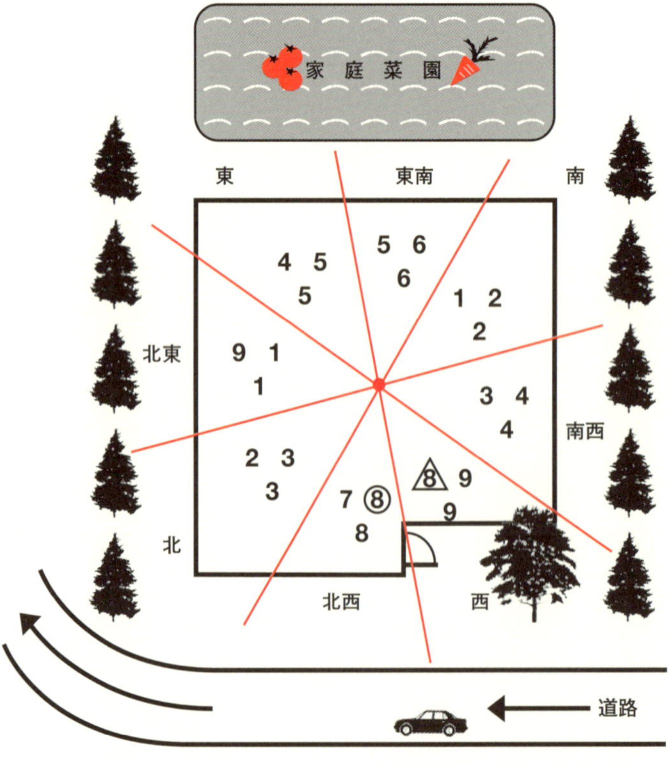

女性は、東方位の部屋（山星４）で寝ていましたが、鑑定後は西方位の部屋（山星８）に寝室を移動しました。西方位の８と９は第８運に最も繁栄する組み合わせです。また、北東方位の山星９に神棚を配置しました。すると、ほどなくして大手出版社からの出版が決まり、2010年５月に作家デビューを果たし、すでに２冊目の出版も決定しました。

風水は魔法ではありませんが、後もう一歩のところに甘んじている人は、取り組んでみるのも一つの選択肢です。もちろん、本人の運が悪いときは、風水が良くても大きな幸運に恵まれるわけではありません。しかし、悪い運にいるとき、風水を活用することでさらなる悪化を防ぐことができます。逆に、運の良いときに風水を使用すれば、さらに大きな幸運をつかむことも可能なのです。

2　五鬼《ごき》の秘密

五鬼《ごき》を使用する風水テクニックを「五鬼運財法《ごきうんざいほう》」と言います。五鬼運財法は、風水師のトップシークレットです。昔の風水師は五鬼運財法を最高峰のテクニックとし、代々、一人の息子にしか伝承しなかったと言われています。

楊《よう》筠《いん》松《しょう》（834〜900）は、貧しい人を風水で救ったとされ、楊救貧《ようきゅうひん》とも呼ばれていますが、彼が貧しい人たちを救うために使用したテクニックが、この五鬼運財法と伝えられています。貧しい人が短期間で大きな風水効果を引き寄せることが可能なのが、この方法です。

非常に大きな効果を発揮して、毒を薬に変えられる反面、大きな危険性もはらんでいます。なぜなら、五鬼運財法は九星の最凶星の「五黄《ごおう》」を使用するからです。これまで五黄《ごおう》は凶星《きょうせい》と説明してきましたが、五黄を利用して、財や貴重な品物を手元に運ばせようとする試みが五鬼運財法であり、短期間で効果を上げる秘訣となっています。

『沈氏玄空学《しんしげんくうがく》』には五鬼の運用法、すなわち、五鬼運財法についても書かれています。ここでは、３つの五鬼運財法を紹介します。

（１）五鬼運財法

最初の五鬼運財法は、五黄が中宮に戻る性質を利用する方法です。もともと、５（五黄）は中宮を定位置とする帝旺の星であり、中宮に戻ろうとする性質を持っています。第８運には、５は南西方位にあります。南西方位の５は定位置の中宮に戻り、中宮の８は南西に移動します。つまり、南西の５は８があると見ることができます。

五鬼運財

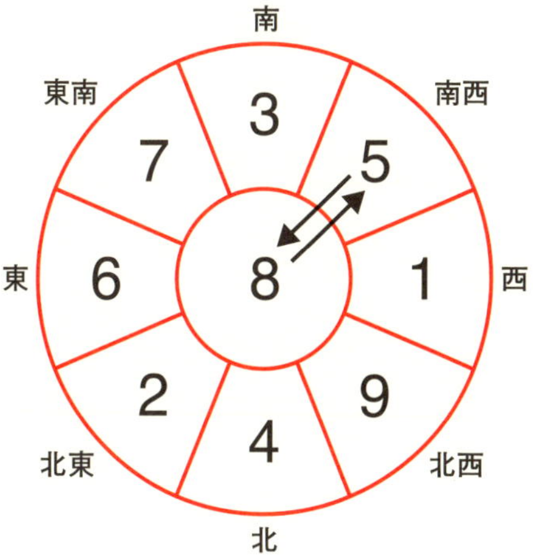

この法則は飛星チャートにも適用できます。例えば、第９運の戊山辰向《いぬざんたつこう》の飛星チャートを考えてみます。

飛星チャートの場合は、山星、水星のそれぞれを別に考えます。北東方位の水星５は中宮の水星８の位置に戻り、中宮の水星８は北東方位の水星５の位置へと入れ替わる性質を持っています。同様に、南方位の山星５は中宮の山星１の位置に戻り、中宮の山星１は南方位の山星５の位置へと入れ替わります。

第９運　戊山辰向

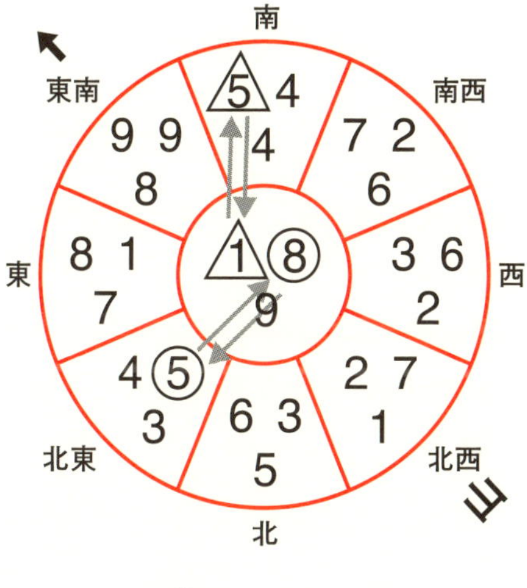

北東方位には、潜在的に４と８の組み合わせの象意が含まれています。南方位には、潜在的に１と４の組み合わせの象意が現れています。しかし、水星５と山星５があることから、南方位を使用するとスキャンダルが起き、北東方位では妊娠に障害が出ると予測します。

五鬼運財法の具体的な使用法は、５に「水」、または「火」の五行のものを置くことです。北東方位の水星５に水を低く置くことで、中宮の水星８とチェンジします。低い位置に水を置くのは、水が低いところへと流れる性質を持つからです。チェンジすることで、入囚を解除する働きもあります。

ただし、五鬼運財法は対象となる方位や中央に壁や障害物がある場合には、使用できません。エネルギーの流れがないと、星の入れ替わりが起こらないと考えられるからです。

五鬼運財法は毒を薬に変えるものであり、短期間のみ使用できるものです。長期間使用すると、水星５の影響が強く出始めるからです。薬は飲み始めによく効くと言います。五鬼運財法の使用は副作用が出ることを常に想定して実行すべきであり、何らかの結果が現れたら、すぐに止めるべきです。

（2）五鬼城門訣《ごきじょうもんけつ》

建物の左前方と右前方の方位に「五鬼《ごき》」を配して使用するテクニックが「五鬼城門訣《ごきじょうもんけつ》」です。城門訣は三元九運の数字（運星）により計算され、山星と水星による計算はなされません。

例えば、第８運の子山午向《ねざんうまこう》では、三元九運の８が中宮に入り、その他の数字は順に各方位に配置されます。子山午向の場合は、右前の南西方位に５（五鬼）があります。この５のある方位を「城門《じょうもん》」とします。ただし、城門方位は、建物の左前、または右前にしかありませんので、第８運では南向き、または西向きの建物だけに存在することになります。このチャートでは子山午向《ねざんうまこう》ですが、壬山《みずのえざん》丙向《ひのえこう》、癸山《みずのとざん》丁向《ひのとこう》も同様に南西方位が五鬼城門方位となります。

例えば、第７運の建物では、５が東の宮にありますので、北東向き、または東南向きの建物だけに城門方位は存在することになります。東南向きの飛星チャートを持つ坐向は、戌山辰向《いぬざんたつこう》、乾山巽向《けんざんそんこう》、亥山巳向《いざんみこう》であり、北東向きの飛星チャートを持つ坐向は、未山丑向《ひつじざんうしこう》、坤山艮向《こんざんごんこう》、申山寅向《さるざんとらこう》になります。

城門訣は、どの三元九運の建物でも使用可能です。現在は第８運の中ですが、第７運でも第６運の建物でも使用できます。しかし、現在の三元九運が一番影響が強いことを明記しておきます。第８運の城門訣が最もパワフルだということです。

五鬼城門訣は、五鬼運財法と同様、短期間のみの使用になりますので、山星と水星に矛盾する場合でも、水を置いて効果を得ることは可能です。しかし、できる限り水星と山星との整合性を取るのが無難な使用法です。五鬼城門訣を使用すると短期間でお金が入ってきますが、その際には五鬼運財法と五鬼城門訣は即刻止めるべきです。

第８運　子山午向

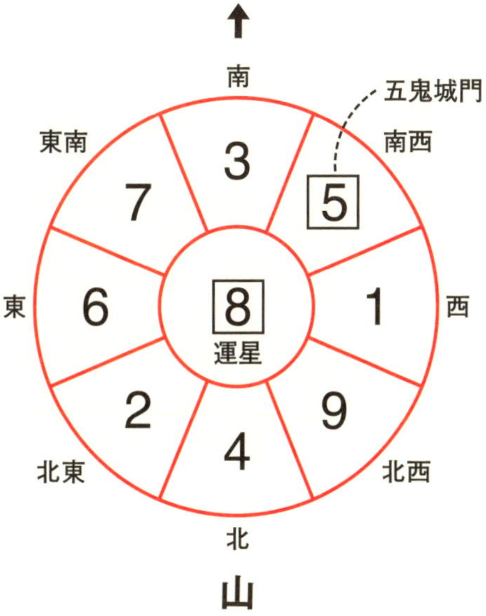

第７運の城門方位

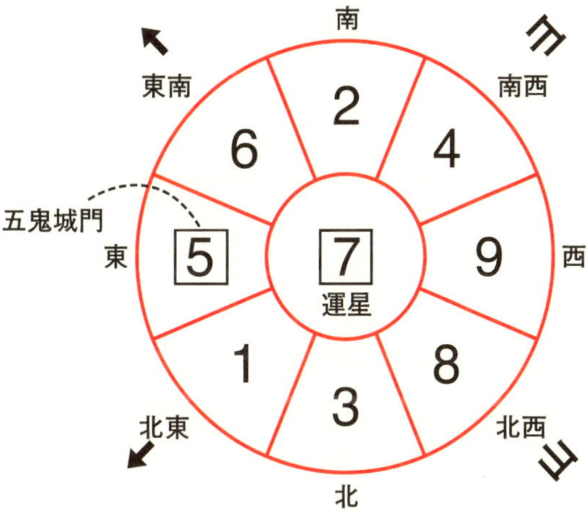

三元九運	建物の向き	城門方位
第1運	南西or東南	南
第2運	東or北	北東
第3運	南西or北西	西
第4運	西or北	北西
第5運	無	中宮
第6運	東or南	東南
第7運	北東or東南	東
第8運	南or西	南西
第9運	北西or北東	北

【ケース24】噴水で経済危機を乗り越えた工場

リーマンショックに伴う経済危機により、日本の工業界には多くの社員をリストラする会社や、倒産する会社が相次ぎました。どの会社も苦しい中で、仕事の争奪戦が繰り広げられていたようです。そんな苦境の中、風水を使用して何とか急場を凌ぎたいとの依頼を受けて、2008年に鑑定したケースです。

工場は第６運の壬山丙向の建物ですので、飛星チャートの中宮は２と１の組み合わせです。土剋水で女性が男性を攻撃する可能性がある工場だということがわかります。この工場の社長（命卦１）の姉（命卦８）が勤務しており、権力を持っていたようです。社長は命卦１ですから、もともと、この工場は不利な建物であることがわかります。

メイン入口は東南方位であり、水星９ですから、入口の方位については心配しませんでした。しかし、サブで使う入口が北東方位にあり、山星８が水に落ちていることから、若い男性に問題が出る工場であると解釈できます。実際に、20代の若い男性の勤務態度に問題が起き続けています。

風水的にさまざまな問題をはらんでいるものの、まずは仕事量を増やすことが先決でした。工場が第６運の南向きの建物であり、東南方位が「五鬼城門」方位となっていることに注目し、東南方位の外側に噴水を設置することにしました。

改善後、数日で大きな仕事が入ってきて、順調に回り出したそうです。この会社の工場長は、社長が工場前に噴水を造っていることを不思議に思っていたそうですが、それ以上に、どこでも苦しいこの時期に、どうして新しい仕事が向こうからやって来たのかが不

第６運　壬山丙向

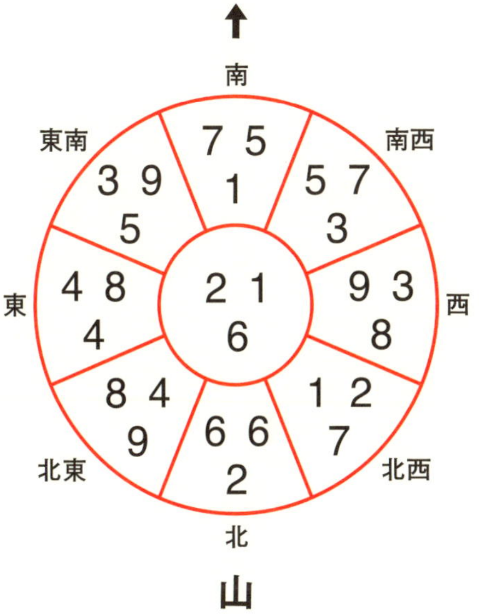

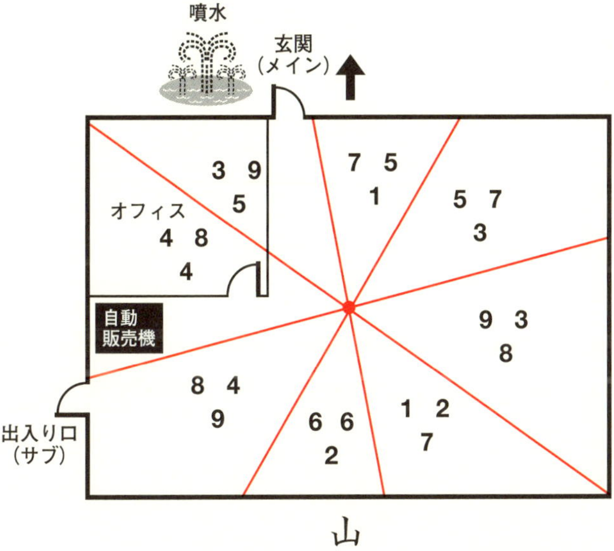

思議だったようです。

（3）山水龍翻卦法《さんすいりゅうほんけほう》

“山水龍翻卦法《さんすいりゅうほんけほう》”は、宋代末の風水国師・頼布衣《らいふい》が発明した非常に強力な古典的水法であり、健康を取り戻すため、経済を活性化するため、文筆で成果を上げるためなど、さまざまな願望の下に使用されてきた五鬼運財水法《ごきうんざいすいほう》です。山水龍翻卦法は玄空飛星派のロジックとは違いますが、玄空飛星派と併用することで大きな効果をもたらすことができます。伝統的な風水書には、必ず紹介されている人気のテクニックです。

これまで私たちは、１から９までの「九星」を山星と水星に使用してきましたが、この１から９までの各九星の数字には、個別の名前が付いています。１を貪狼星《どんろうせい》、２を巨門星《こもんせい》、３を禄存星《ろくそんせい》、４を文曲星《ぶんきょくせい》、５を廉貞星《れんていせい》、６を武曲星《ぶきょくせい》、７を破軍星《はぐんせい》、８を左輔星《さほせい》、９を右弼星《うひつせい》と呼びます。

この９つの九星の中で、吉星は貪狼星、巨門星、武曲星、左輔星、右弼星です。逆に、これら以外の禄存星、文曲星、廉貞星、破軍星は凶星です。伝統的な輔星《ほせい》水法（九星水法）では、吉星の位置に「水」があると良いとされていますが、五鬼運財法では吉星の一つである「巨門星」の位置に「水」を置きます。

五鬼運財水法の具体的な使用方法は単純であり、門（玄関）を「五鬼《ごき》」方位に設置し、「巨門《こもん》」方位に「水」を置くことです。「五鬼」は廉貞星の別の呼び名であり、建物の“坐”方位の八卦から算出される方位（山龍《さんりゅう》）です。また、「巨門」は建物の“向”方位の八卦から算出される方位（水龍《すいりゅう》）になります。

例えば、子山午向の建物の五鬼（廉貞）方位と巨門方位を求めてみましょう。

この場合はまず、「坐」の「子」を八卦に変換し、「向」の「午」を八卦に変換する作業から始めなければなりません。この24方位を八卦に直すためには、「納甲《なっこう》」という概念を用います。納甲とは、24山で使用する十干と十二支を八卦に配当することです。例えば、八卦の震には、十干の庚、十二支の亥、卯、未が配当されています。

八卦	地盤24山
坎	癸・申・子・辰
坤	乙・坤
震	庚・亥・卯・未
巽	辛・巽
乾	甲・乾
兌	丁・巳・酉・丑
艮	丙・艮
離	壬・寅・午・戌

八卦の三本線の一番下のラインを１、真ん中のラインを２、一番上のラインを３として以下の順で、陽（直線ライン）を陰（線ライン）に、陰（破線ライン）を陽（直線ライン）に変爻《へんこう》します。

—変爻の公式—

五鬼《ごき》方位　→　“坐《ざ》方位”の24山を納甲《なっこう》して「３２１２３２１２」の順で変爻

巨門《こもん》方位　→　“向《こう》方位”の24山を納甲して「２１２３２１２３」の順で変爻

納甲表によると、“坐《ざ》”となる子方位は八卦の「坎《かん》」にあたります。坎卦を「３（貪狼《どんろう》）→２（巨門《こもん》）→１（禄存《ろくそん》）→２（文曲《ぶんきょく》）→３（廉貞《れんてい》）→２（武曲《ぶきょく》）→１（破軍《はぐん》）→２（左輔《さほ》・右弼《うひつ》）」の順で変爻します。そして“廉貞《れんてい》”にあたる卦を“五鬼門《ごきもん》”の方位とします。

すなわち、廉貞にあたる卦は、「兌《だ》」になりますので、五鬼門の方位は、丁・巳・酉・丑のいずれかになります。

納甲表によると、“向《こう》”となる午方位は八卦の「離《り》」にあたります。離卦を「2（武曲）→1（破軍）→2（廉貞）→3（貪狼）→2（巨門）→1（禄存）→2（文曲）→3（左輔・右弼）」の順で変爻します。そして“巨門”にあたる卦を“巨門水《こもんすい》”の方位とします。

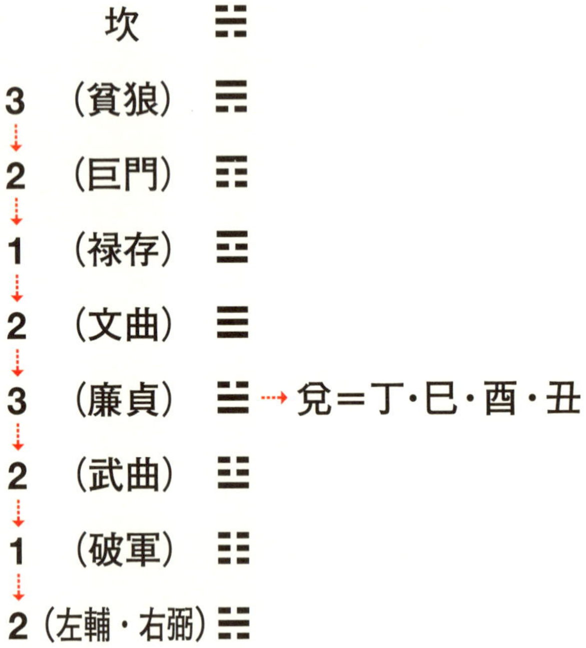

すなわち、巨門にあたる卦は「坎《かん》」になりますので、巨門水の方位は、癸・申・子・辰のいずれかになります。

離　☲

2　（武曲）　☰

↓

1　（破軍）　☴

↓

2　（廉貞）　☶

↓

3　（貧狼）　☷

↓

2　（巨門）　☵　→　坎＝癸・申・子・辰

↓

1　（禄存）　☱

↓

2　（文曲）　☳

↓

3（左輔・右弼）☲

五鬼運財水法の“五鬼門《ごきもん》”と“巨門水《こもんすい》”の方位を計算した結果が次の表です。

坐向	五鬼門	巨門水
壬山丙向	艮・丙	丑・巳・酉・丁
子山午向	丑・巳・酉・丁	申・子・辰・癸
癸山丁向	丑・巳・酉・丁	艮・丙
丑山未向	申・子・辰・癸	巽・辛
艮山坤向	寅・午・戌・壬	甲・乾
寅山申向	艮・丙	寅・午・戌・壬
甲山庚向	巽・辛	巽・辛
卯山酉向	乙・坤	艮・丙
乙山辛向	亥・卯・未・庚	亥・卯・未・庚
辰山戌向	丑・巳・酉・丁	申・子・辰・癸
巽山乾向	甲・乾	乙・坤
巳山亥向	申・子・辰・癸	巽・辛
丙山壬向	寅・午・戌・壬	申・子・辰・癸
午山子向	艮・丙	寅・午・戌・壬
丁山癸向	申・子・辰・癸	寅・午・戌・壬
未山丑向	乙・坤	艮・丙
坤山艮向	亥・卯・未・庚	丑・巳・酉・丁
申山寅向	丑・巳・酉・丁	申・子・辰・癸
庚山甲向	乙・坤	乙・坤
酉山卯向	申・子・辰・癸	巽・辛
辛山乙向	甲・乾	甲・乾
戌山辰向	艮・丙	寅・午・戌・壬
乾山巽向	巽・辛	亥・卯・未・庚
亥山巳向	乙・坤	艮・丙

例えば、子山午向の建物は、丑・巳・酉・丁方位のいずれかに“玄関”を設置し、申・子・辰・癸方位のいずれかに“水”を設置しますので、建設やリフォームの際、玄関を丑方位に、申方位に噴水を造れば五鬼運財水法が発動することになります。

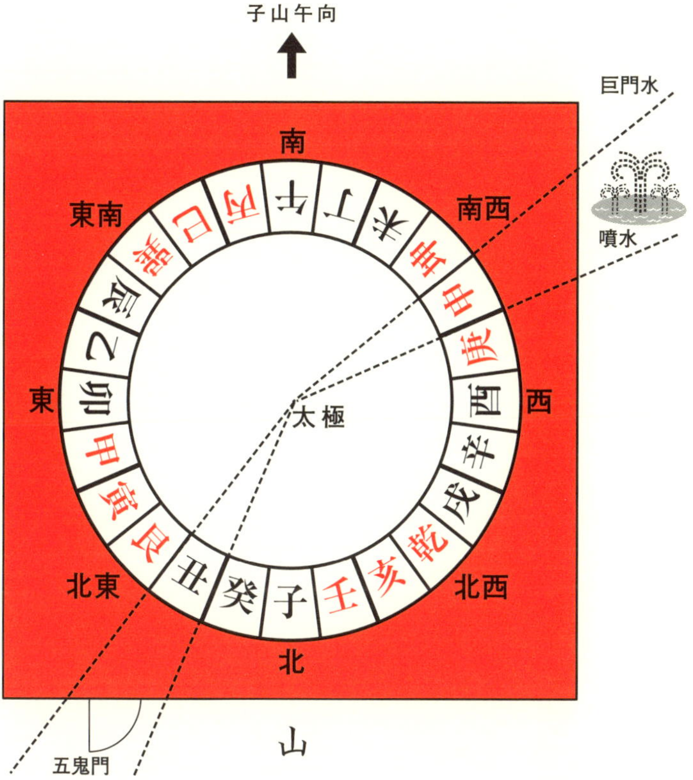

この五鬼運財水法の五鬼門と巨門水は、飛星チャートの山星と水星をまったく考慮していません。玄空飛星のように時間の流れを考慮する方法とは違い、時間の概念のない固定的な方法です。使用する際は、時間の流れを考慮して飛星チャートとの兼ね合いをよく考えなければなりません。

【ケース25】　１週間で実現した７年越しの願い

30年以上も経営して老朽化の激しい園舎の改築を希望していた幼稚園のケースです。この幼稚園は改築許可が下りるまで、７年もの歳月が掛かりました。毎年毎年、何回申請してもなぜか許可が下りず、半ば諦めモードの中、風水を実行することにしました。

幼稚園のオフィスは、第６運の壬山《みずのえざん》　丙向《ひのえこう》の建物内の東南方位にありました。東南方位は水星９が支配しています。第８運の水星９はお金に強い星であり、経済的に良い部屋になっています。コンスタントにお金は入っていましたので、経営面に関してもさほどの問題は無いはずですが、幼稚園の新園舎の改築の許可が下りず、ずるずると７年の歳月が経過していることが不満のようでした。

第６運　壬山丙向

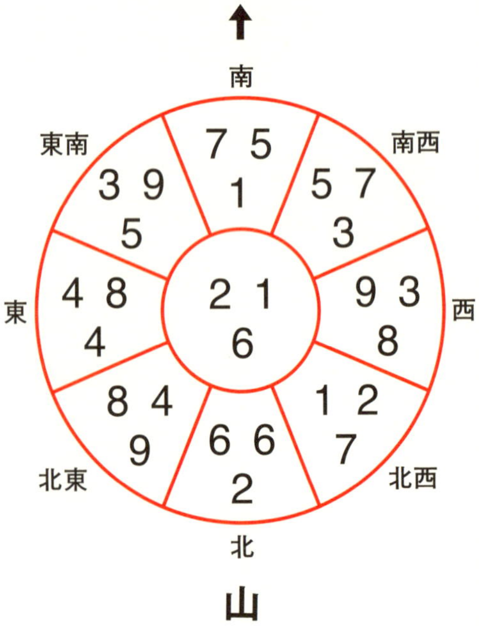

もともと、利益を追求する業態ではないこともあり、風水を実行して運気を上げることは考えていなかったようでしたが、ボロボロになっていく幼稚園舎とともに運営がジリ貧になる恐れもあることから、何としても新園舎建築の許可を取りたいと望んでいました。

オフィスの玄関は南方位にありましたが、この方位は水星５が支配しています。水星５はお金に関しての遅延を象徴しています。これは政府からの許可が下りないことにも関わりますし、その後の融資が決まり難いことを意味していますので、五行の「金」で5（五黄）を洩らして弱める必要がありました。実際の改善には、ブロンズ像を置きました。

さらに、この建物の東南方位は水星9に加えて、運星5が入っていることに注目しました。東南方位は「五鬼城門」の方位です。また、この建物で注目すべきは、丙方位に玄関があることです。壬山丙向の建物でしたので、丙方位の玄関は山水龍翻卦法の「五鬼門」であり、同じく東南（巳）方位は「巨門水」の条件を満たしています。

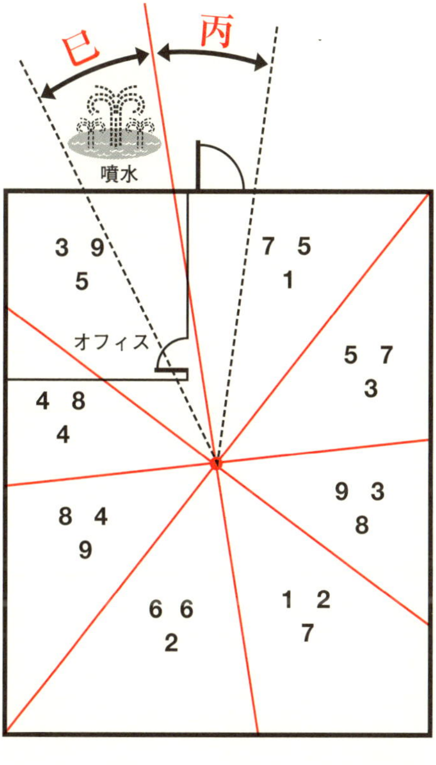

五鬼城門訣と山水龍翻卦法のダブルの組み合わせが現れており、迷うことなく東南（巳）方位に噴水を設置することにし、日時を選んでモーターのスイッチをONにしました。モーターのスイッチを入れてから1週間後、突然、国から電話が入りました。どのような事情があったかわかりませんが、審査時期とはまったく違うタイミングだったのにもかかわらず、例外的に審査無しで、国からの補助付きで改築許可が下りたそうです。

園長先生は、しばらくの間、「嘘の電話じゃないか？」と疑っていたようですが、その1年後には、無事に新しい園舎が完成したとのことです。

用語説明

【あ】

案山《あんざん》：建築物やお墓の前方に見える山のこと。必ず山である必要はなく、建築物や樹木が案山になることもある。案山の形により、特有の象意が現れるとされる。

【い】

陰宅《いんたく》：お墓の風水のことであり、お墓の位置・環境により子孫への影響を読み解く風水。

【お】

旺山旺水《おうざんおうすい》：「お金」と「人」の両方に強い飛星チャートのこと。

【か】

河図《かと》：黄河流域の龍馬の背中に描かれていたとされる数図。1と6、2と7、3と8、4と9、5と10の組み合わせのことを河図数と呼び、玄空飛星派の鑑定の際に多用する。

【き】

九星《きゅうせい》：洛書に現れる1から9までの数字を「九星(きゅうせい)」と表現します。本来、九星は八卦から生まれた概念であり、宇宙の全ては九星(きゅうせい)に当てはめることができる。数字1は「一白《いっぱく》」、数字2は「二黒《じこく》」、数字3は「三碧《さんぺき》」、数字4は「四緑《しりょく》」、数字5は「五黄《ごおう》」、数字6は「六白《ろっぱく》」、数字7は「七赤《しちせき》」、数字8は「八白《はっぱく》」、数字9は「九《きゅう》紫《し》」と呼ばれる。

去水《きょすい》：明堂から流れ出る水のことであり、去水の方位は支出を左右する。

【け】

穴《けつ》：龍の中の建造物やお墓の位置のこと。穴は吉凶を司るとされ、建造物やお墓の位置により吉凶が決定される。

玄空飛星派《げんくうひせいは》：風水の本場、台湾・香港のみならず、東南アジア、欧米など世界的に活用されている風水。香港など風水都市に存在する有名ホテルや銀行などは玄空飛星派に基づいて設計されているものが多い。時間と方位の関係が明確で風水効果もパワフルである。

【こ】

五行《ごぎょう》：宇宙空間の森羅万象のすべてを「木・火・土・金・水」という5つで分類する中国発祥の哲学。五行では、身体、色、臓器、感情、味覚、季節、方位等に至るまで、すべてが5つの要素によって表現される。

【さ】

砂《さ》：穴を取り巻く建築物、空気、池、沼などの環境全般のこと。特に、砂は寿夭を司るとされ、寿命や健康に大きな影響を与える。

坐向《ざこう》：家の向きのこと。玄関の向きで坐向を決定する風水もあるが、玄空飛星派では必ずしも玄関の向きを坐向とはしない。

三元九運《さんげんきゅううん》：180年を1周とする時間のサイクル。「元《げん》」は20年間の3つの「運《うん》」で構成され、上元《じょうげん》（第1運・第2運・第3運）、中元《ちゅうげん》（第4運・第5運・第6運）、下元《げげん》（第7運・第8運・第9運）に分けられる。

【し】

四神相応《しじんそうおう》：玄武・白虎・青龍・朱雀が備わっていること。穴（位置）に対して、玄武は後方の山、穴の向きに対して白虎は右手側の砂、青龍は左手側の砂、朱雀は前方の明堂・案山を言う。

上山下水《じょうざんげすい》：「お金」と「人」の両方に弱い飛星チャートのこと。

小太極《しょうたいきょく》：各部屋の重心のこと。家全体の改善が難しく、部屋単位での改善の場合に使用する。

沈氏玄空学《しんしげんくうがく》：沈竹礽のまとめた風水体系。特に玄空飛星派の解説が詳しく、本書では沈竹礽の玄空飛星派をベースとする。

【す】

水《すい》：建造物やお墓の周囲を流れる河川や道路のこと。水は富貧を司るとされ、水の流れにより経済状態を左右する。

【そ】

双星会向《そうせいかいこう》：「お金」に強く「人」に弱い飛星チャートのこと。

双星会坐《そうせいかいざ》：「お金」に弱く「人」に強い飛星チャートのこと。

【た】

太極《たいきょく》：家の重心のこと。

替星《たいせい》：長い間、秘密にされていたが有名な風水師・蒋大鴻《しょうたいこう》によって弟子に伝えられたもの。方位測定の際、羅盤の針が方位の境界付近を指し示したときに利用する飛星チャート作成法。

【と】

桃花《とうか》：エンターテイメントや社会的な活動を意味し、飛星チャートに1と4の組み合わせが現れる方位を活用すると、異性との交流も活発になり恋愛関係に発展することが多くなる。

動土《どうど》：土を動かし地勢を変化させること。例えば、道路工事や土地の造成など。

鬥門殺《とうもんさつ》：玄関同士が向き合う建物がある状態、又は家の中の各部屋のドアとドアが向き合っている状態。

【に】

24山《ざん》：風水鑑定では1周（360°）を15°間隔で方位を確定するため、坐向が24種類となることから24山とする。羅盤には数多くの層があるが、玄空飛星派の鑑定では地盤と呼ばれる24山のみを使用する。

入囚《にゅうしゅう》：飛星チャートの中宮の山星または水星のどちらかが、鑑定時の三元九運の数字と同じ数字になる飛星チャート。入囚すると20年間、人またはお金に関する悪い象意が出やすくなる。

【は】

八卦《はっけ》：3本から成る直線と破線で構成される8つのシンボル（坎・坤・震・巽・乾・兌・艮・離）。各シンボルにはそれぞれ、数字・性質・人物・方位・身体部位などの象徴が存在する。

八宅派《はったくは》：住人の生年と建築物の向きから、目には見えない抽象的エネルギーを分析する風水。日本でも人気のある流派で実践者は多い。

【ひ】

飛星《ひせい》チャート：家の中の各方位に存在するエネルギーの性質を示す図。

【ほ】

輔星水法《ほせいすいほう》：宋代の有名風水師である頼布依によって発明された水法で、別名で九星水法とも呼ばれる。

【み】

水星《みずぼし》：玄空飛星派風水の飛星チャートに登場する星で、開放的な方位・空間（玄関・リビングなど）において作用が強まる。

【め】

命卦《めいか》：命卦は生年から算出され、坎・坤・震・巽・乾・兌・艮・離のいずれかに分類される。玄空飛星派においては命卦と同じ数字の山星や水星の方位を使用することで、良い影響、悪い影響が現れやすくなる。

明堂《めいどう》：建築物やお墓の前の空間のことで、龍脈からのエネルギーが最終的に溜まる場所。巒頭派では最後に龍が水を飲む場所とされる。

【ら】

来水《らいすい》：明堂に流れ込む水のことであり、来水の方位は収入を左右する。

洛書《らくしょ》：約6000年前に中国の黄河に現れた、亀の甲羅に描かれていたとされる数図。各数を方位に配置したものが飛星チャートの基本図とされる。

羅盤《らばん》：風水鑑定のときに使う風水専用の磁石。羅盤は使用する流派により異なっている。玄空飛星派では24山のみを使用する。

巒頭《らんとう》：環境の物理的側面で可視的なオブジェについて判断する風水の見方。巒頭の判断は山、川、建物、道、インテリアデザイン、家のレイアウト、内外の装飾に及ぶ。

【り】

理気《りき》：目には見えない方位の抽象的なエネルギーを計算によって判断する風水の見方。理気の見方は様々だが、本書では時間と方位の関係を明確に計算できる玄空飛星派の理気を紹介。

龍《りゅう》：土地の起伏や曲りくねりを龍とする。龍は貴賎を司るとされ、身分・地位に関わる。

【ろ】

漏財宅《ろうざいたく》：玄関を入ると正面に窓や出入り口がある家相のこと。

六帝古銭《ろくていこせん》：六枚の古銭を紐でつなげた代表的な風水アイテム。玄空飛星派では病気を意味する数字2の改善に使用する。

【や】

山星《やまぼし》：玄空飛星派風水の飛星チャートに登場する星で、閉鎖的な方位・空間（寝室・書斎など）において作用が強まる。

【よ】

陽宅《ようたく》：生きている人間の住む建築物の風水のことであり、建築物の位置・環境により住人への影響を読み解く風水。

四大格局《よんだいかっきょく》：旺山旺水・双星会向・双星会坐・上山下水の４タイプの飛星チャートを四大格局とする。

参考文献

沈氏玄空學（上中下）　【沈竹礽白鶴鳴點校】　聚賢館文化有限公司
系統陰陽學　【劉訓昇著】　楽羣文化事業公司
精髄陰陽學　【游景著】　育林出版有限公司
玄空星相地理學　【鐘義明著】　武陵出版有限公司
玄空現代住宅學　【鐘義明著】　武陵出版有限公司
玄空紫白訣精解　【白鶴鳴著】　聚賢館文化有限公司
玄機賦飛星賦精解　【白鶴鳴著】　聚賢館文化有限公司
三元地理講義　【劉啓治著】　聚賢館文化有限公司
完全定本風水大全　【盧恆立著】　河出書房新社

子山午向の飛星チャート

第1運(1864～1883年)

第2運(1884～1903年)

第3運(1904～1923年)

第4運(1924～1943年)

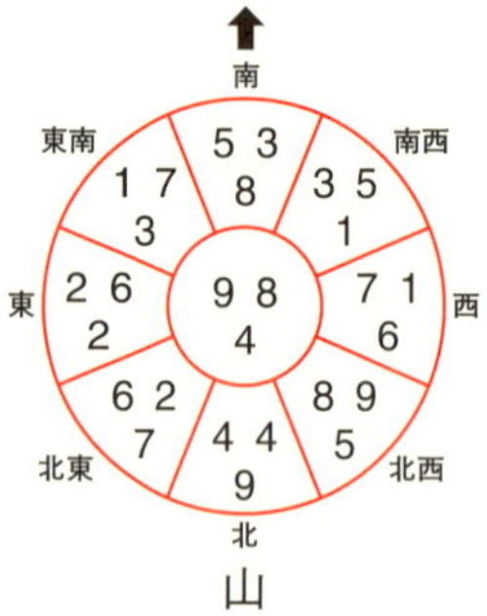

第5運(1944～1963年)

第6運(1964～1983年)

第7運(1984～2003年)

第8運(2004～2023年)

第9運(2024～2043年)

午山子向の飛星チャート

第1運（1864～1883年）

第2運（1884～1903年）

第3運（1904～1923年）

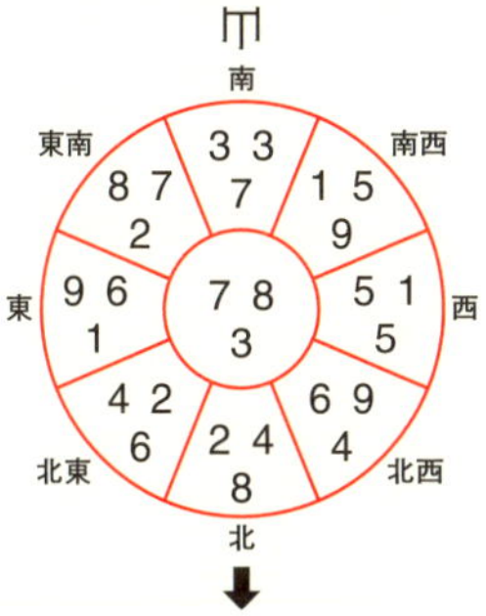

第4運（1924～1943年）

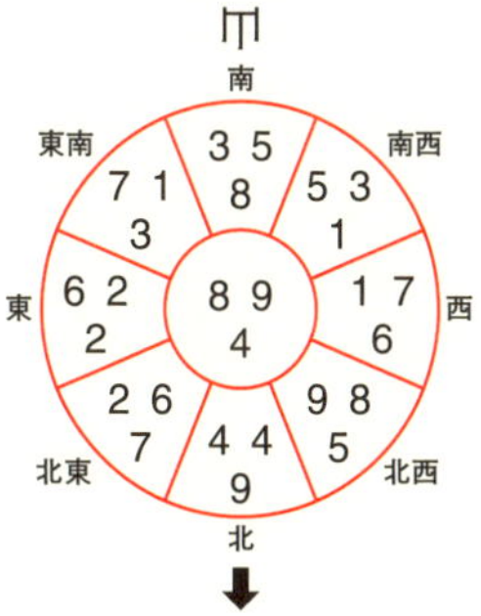

第5運（1944～1963年）

第6運（1964～1983年）

第7運（1984～2003年）

第8運（2004～2023年）

第9運（2024～2043年）

癸山丁向の飛星チャート

第1運（1864〜1883年）

第2運（1884〜1903年）

第3運（1904〜1923年）

第4運（1924〜1943年）

第5運（1944〜1963年）

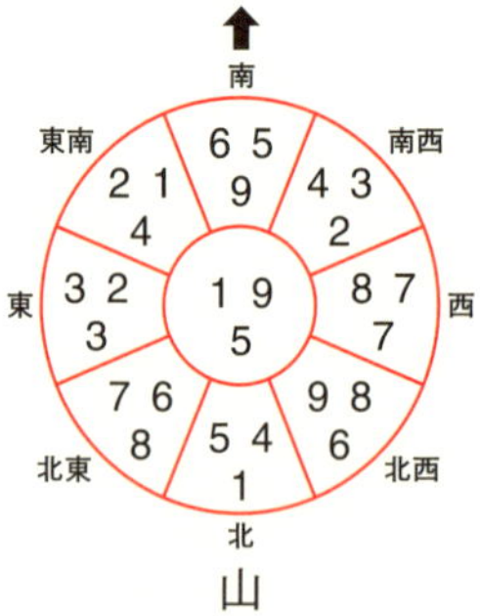

第6運（1964〜1983年）

第7運（1984〜2003年）

第8運（2004〜2023年）

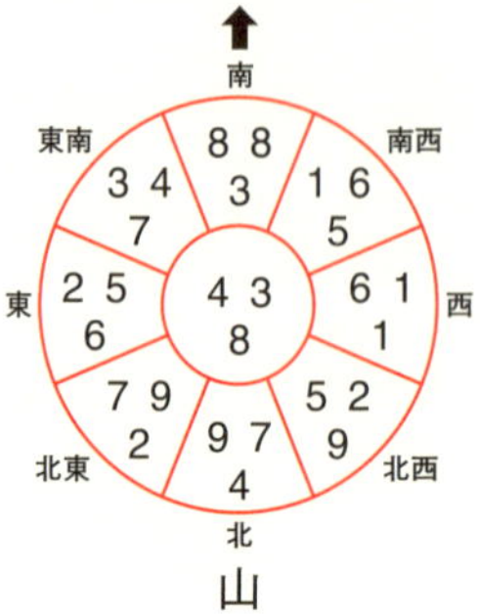

第9運（2024〜2043年）

丁山癸向の飛星チャート

第1運（1864～1883年）

第2運（1884～1903年）

第3運（1904～1923年）

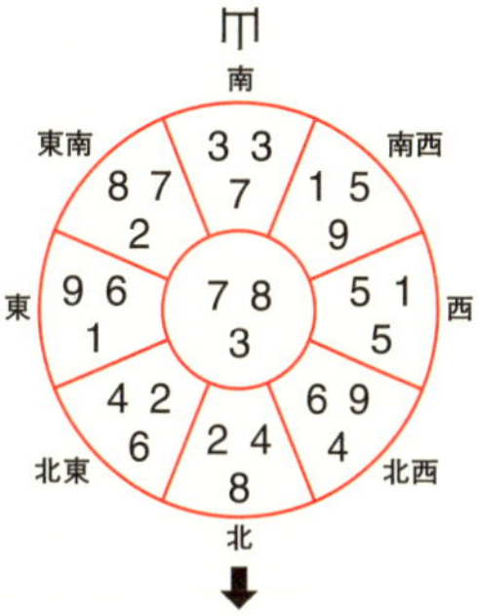

第4運（1924～1943年）

第5運（1944～1963年）

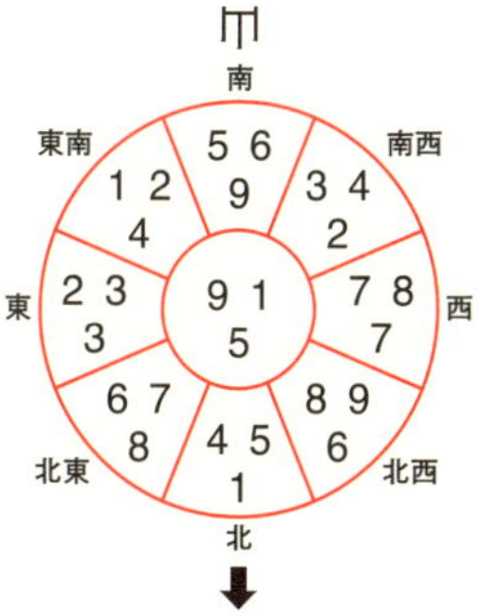

第6運（1964～1983年）

第7運（1984～2003年）

第8運（2004～2023年）

第9運（2024～2043年）

丑山未向の飛星チャート

第1運（1864～1883年）

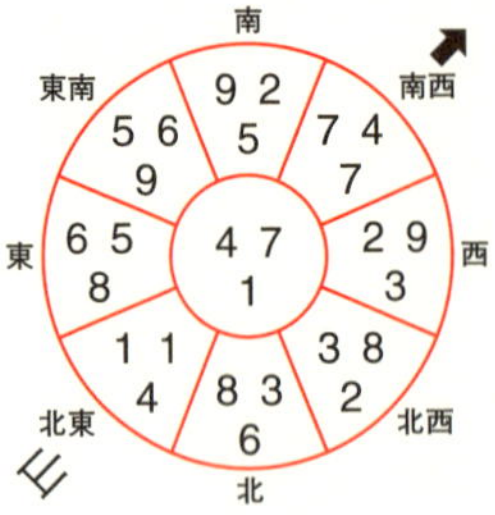

第2運（1884～1903年）

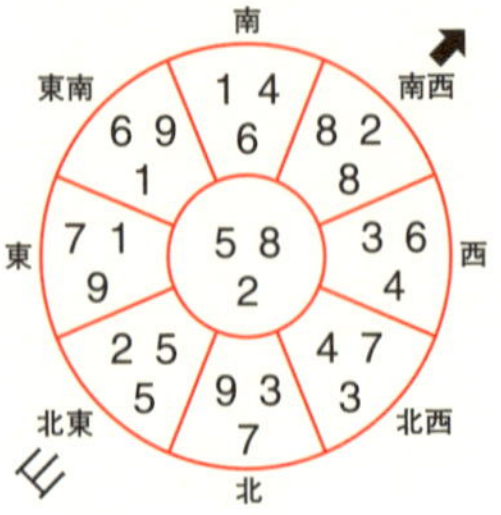

第3運（1904～1923年）

第4運（1924～1943年）

第5運（1944～1963年）

第6運（1964～1983年）

第7運（1984～2003年）

第8運（2004～2023年）

第9運（2024～2043年）

未山丑向の飛星チャート

第1運（1864〜1883年）

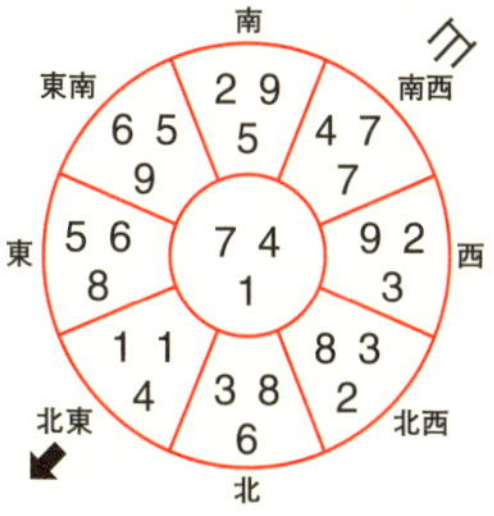

第2運（1884〜1903年）

第3運（1904〜1923年）

第4運（1924〜1943年）

第5運（1944〜1963年）

第6運（1964〜1983年）

第7運（1984〜2003年）

第8運（2004〜2023年）

第9運（2024〜2043年）

艮山坤向の飛星チャート

第1運（1864～1883年）

第2運（1884～1903年）

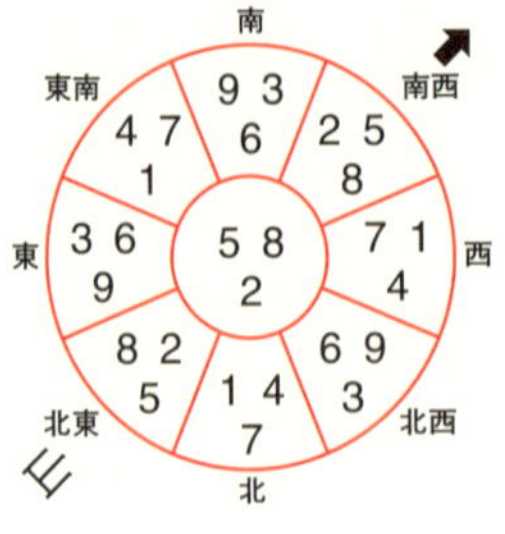

第3運（1904～1923年）

第4運（1924～1943年）

第5運（1944～1963年）

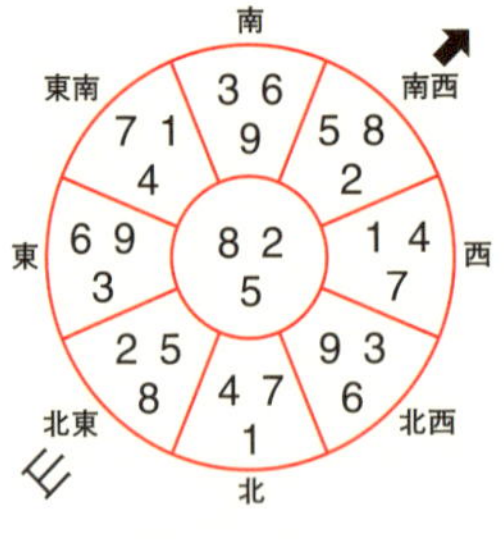

第6運（1964～1983年）

第7運（1984～2003年）

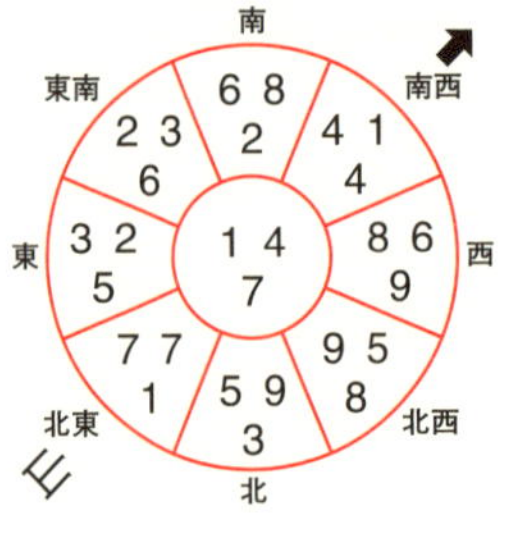

第8運（2004～2023年）

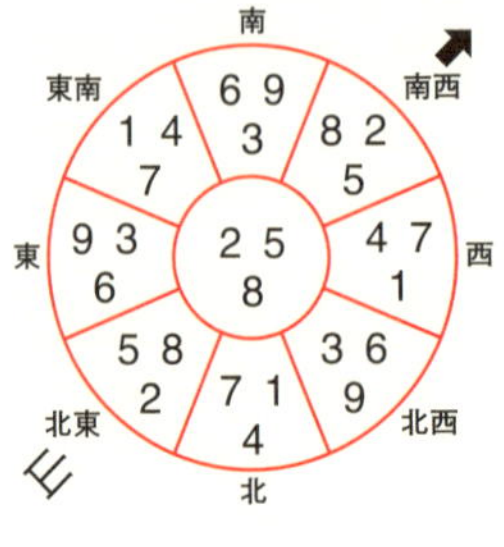

第9運（2024～2043年）

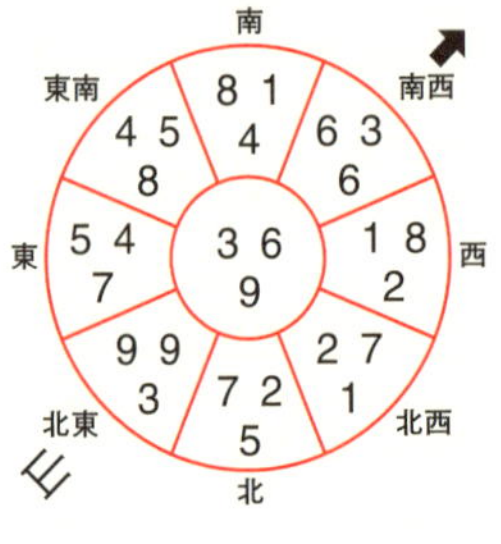

坤山艮向の飛星チャート

第1運（1864～1883年）

第2運（1884～1903年）

第3運（1904～1923年）

第4運（1924～1943年）

第5運（1944～1963年）

第6運（1964～1983年）

第7運（1984～2003年）

第8運（2004～2023年）

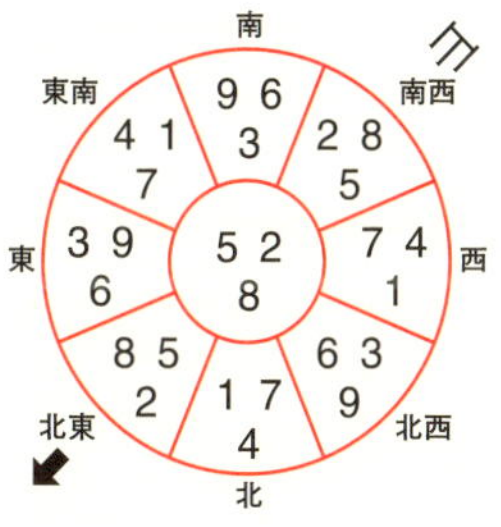

第9運（2024～2043年）

寅山申向の飛星チャート

第1運（1864～1883年）

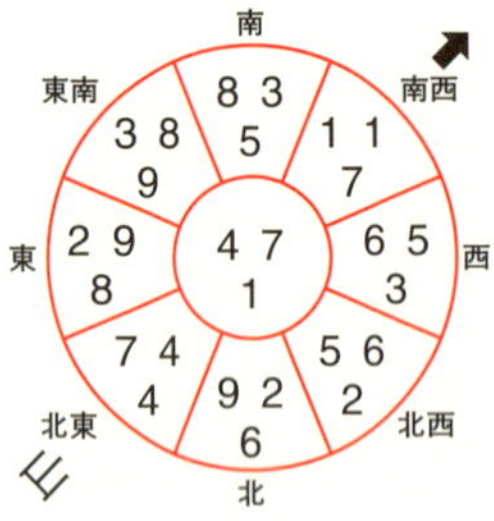

第2運（1884～1903年）

第3運（1904～1923年）

第4運（1924～1943年）

第5運（1944～1963年）

第6運（1964～1983年）

第7運（1984～2003年）

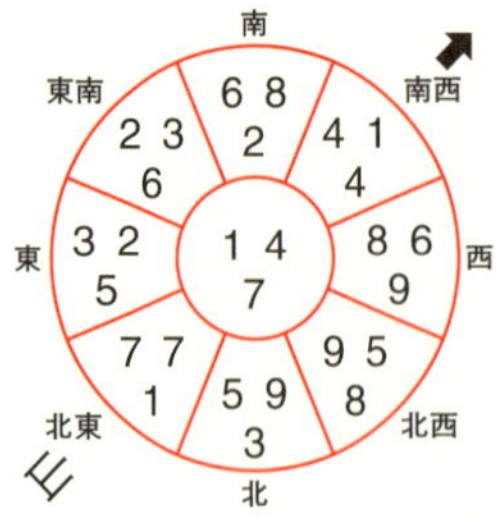

第8運（2004～2023年）

第9運（2024～2043年）

申山寅向の飛星チャート

第1運（1864～1883年）

第2運（1884～1903年）

第3運（1904～1923年）

第4運（1924～1943年）

第5運（1944～1963年）

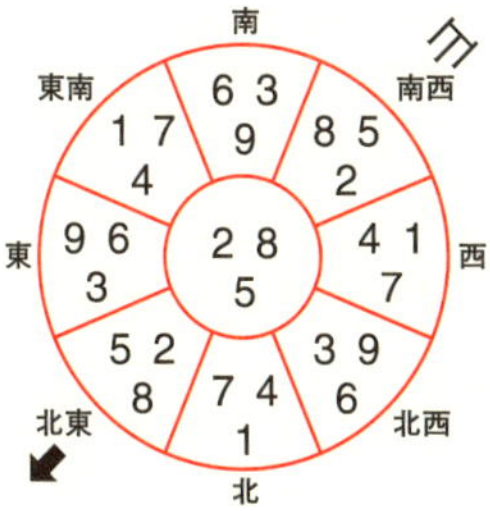

第6運（1964～1983年）

第7運（1984～2003年）

第8運（2004～2023年）

第9運（2024～2043年）

甲山庚向の飛星チャート

第1運（1864～1883年）

第2運（1884～1903年）

第3運（1904～1923年）

第4運（1924～1943年）

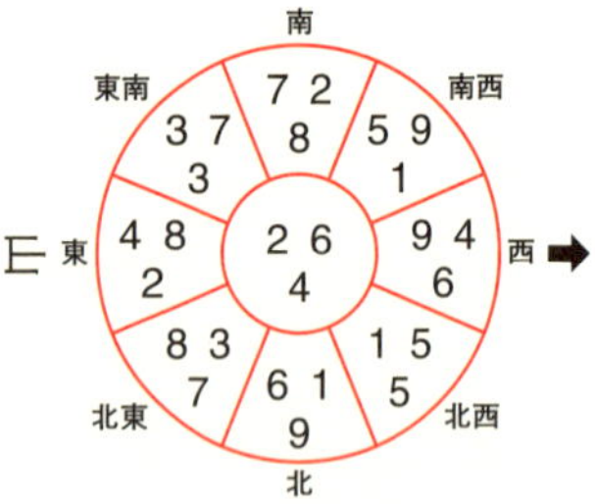

第5運（1944～1963年）

第6運（1964～1983年）

第7運（1984～2003年）

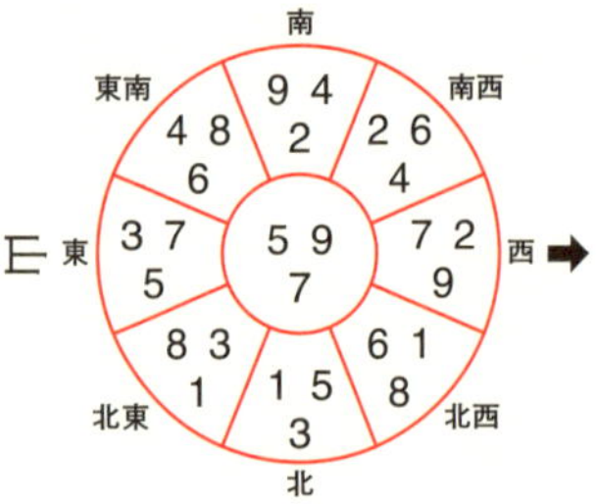

第8運（2004～2023年）

第9運（2024～2043年）

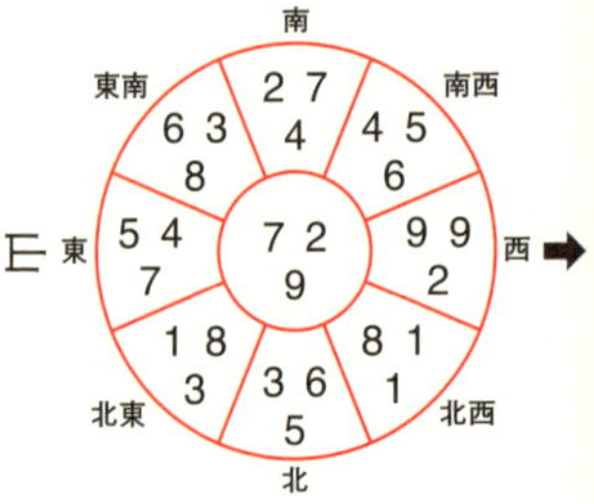

庚山甲向の飛星チャート

第1運（1864～1883年）

第2運（1884～1903年）

第3運（1904～1923年）

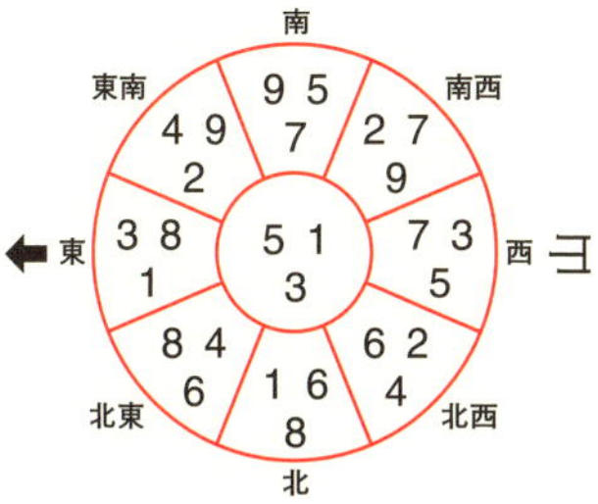

第4運（1924～1943年）

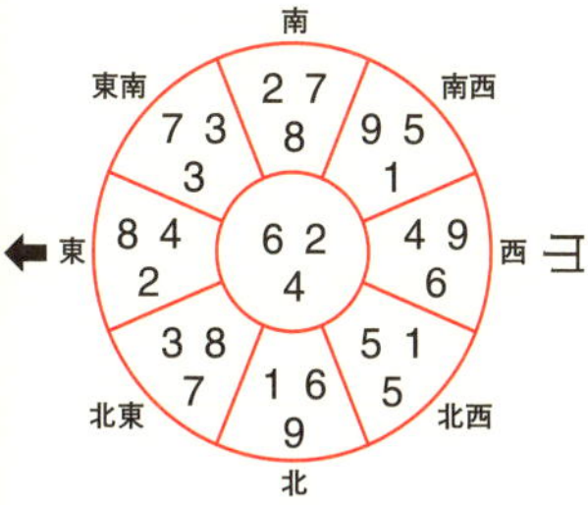

第5運（1944～1963年）

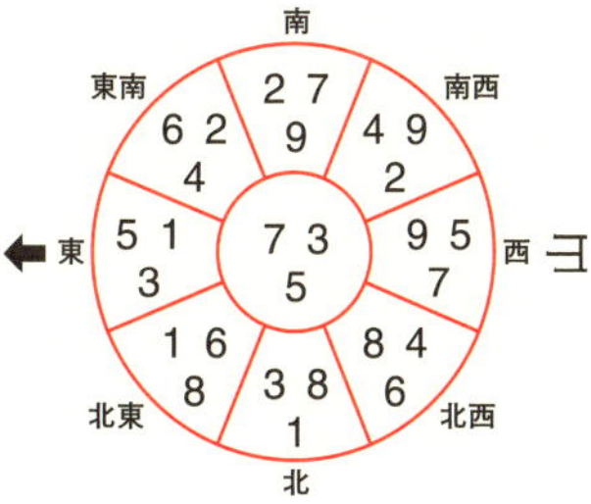

第6運（1964～1983年）

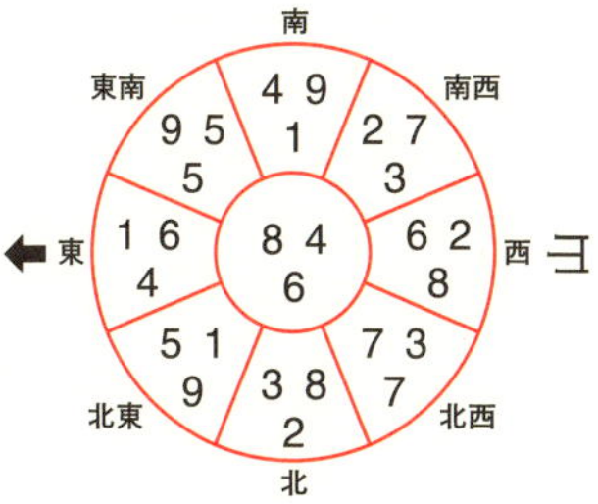

第7運（1984～2003年）

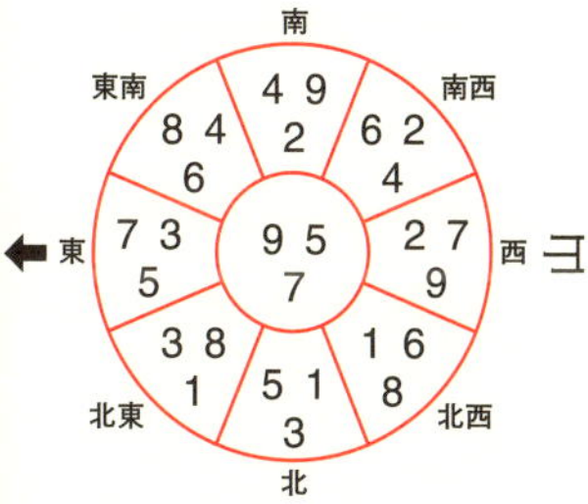

第8運（2004～2023年）

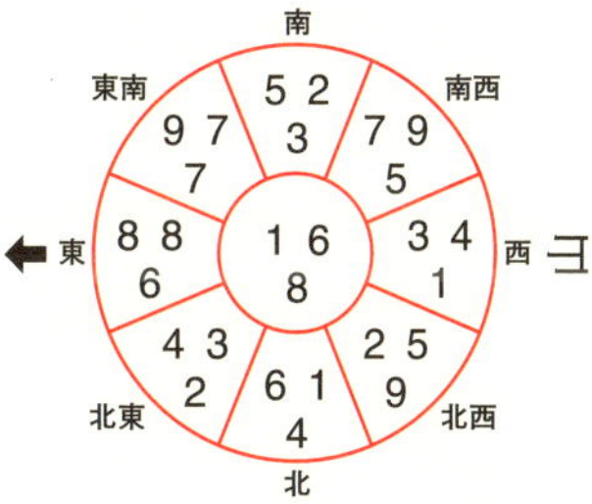

第9運（2024～2043年）

卯山酉向の飛星チャート

第1運(1864～1883年)

第2運(1884～1903年)

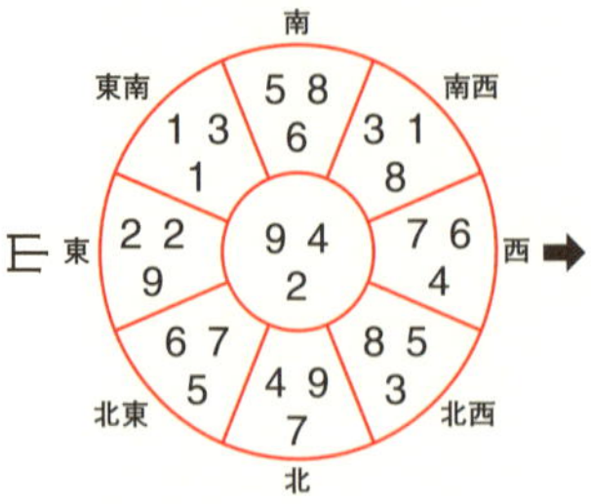

第3運(1904～1923年)

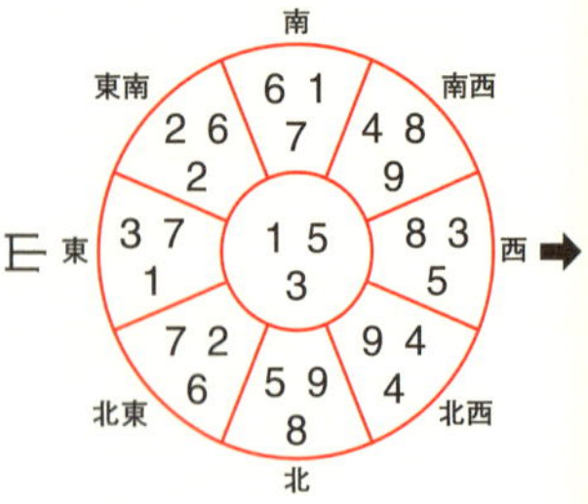

第4運(1924～1943年)

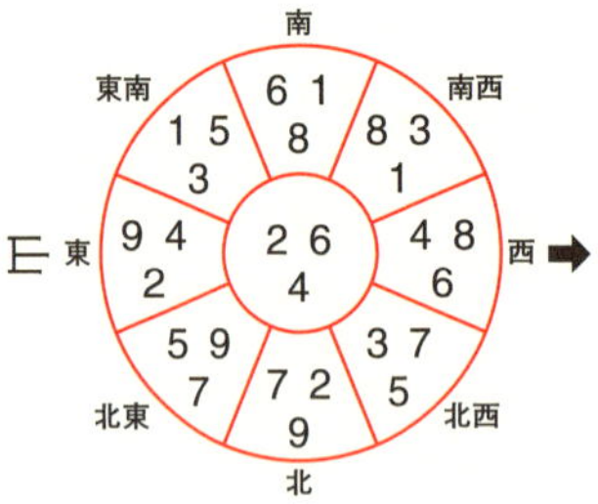

第5運(1944～1963年)

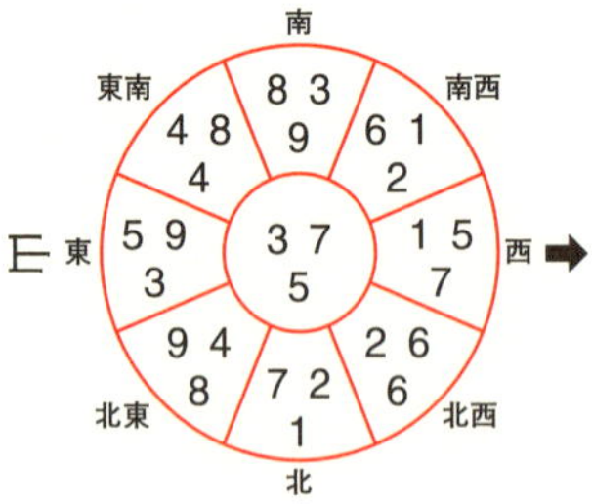

第6運(1964～1983年)

第7運(1984～2003年)

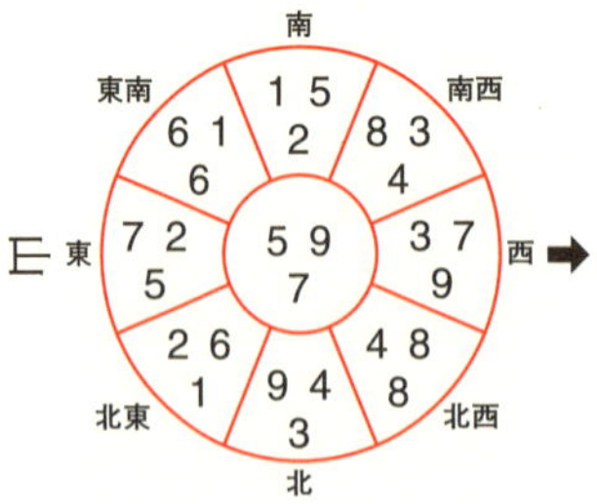

第8運(2004～2023年)

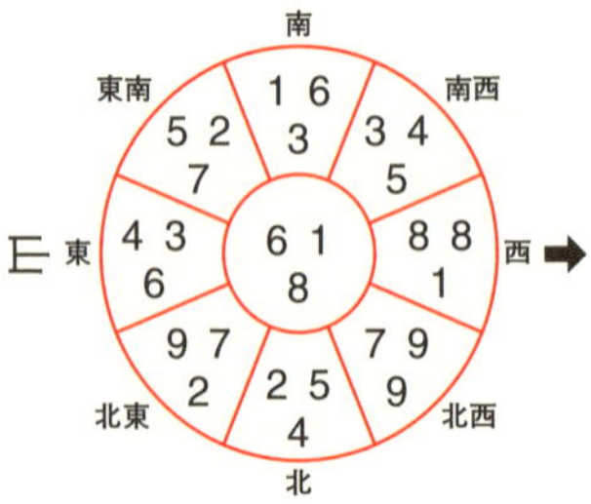

第9運(2024～2043年)

酉山卯向の飛星チャート

第1運（1864～1883年）

第2運（1884～1903年）

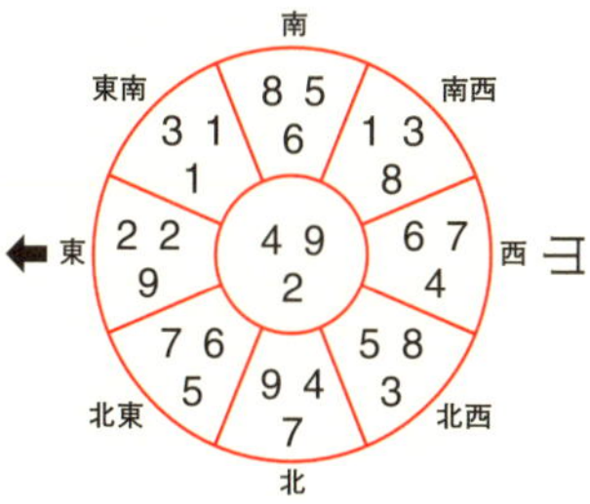

第3運（1904～1923年）

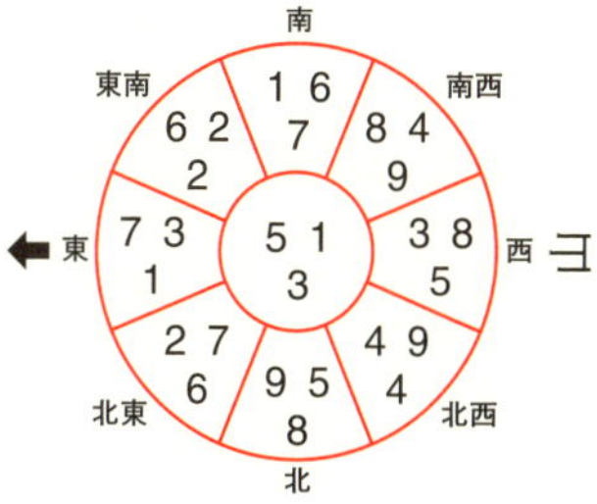

第4運（1924～1943年）

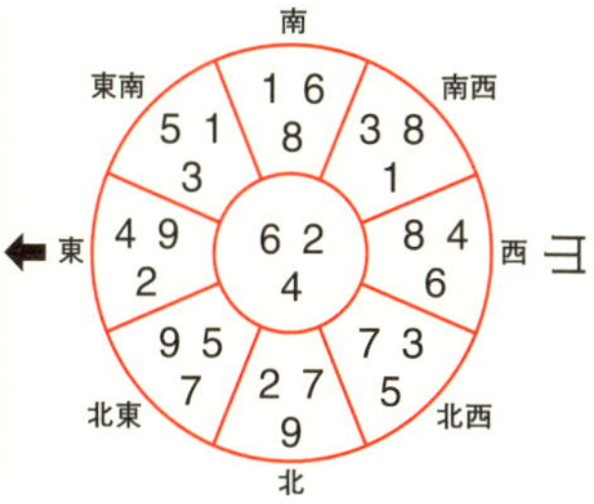

第5運（1944～1963年）

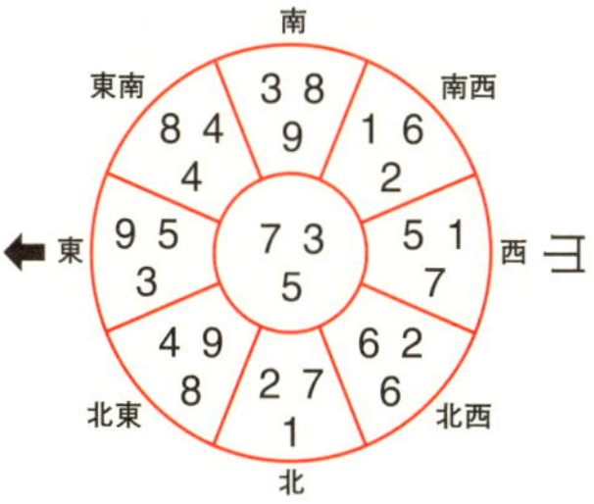

第6運（1964～1983年）

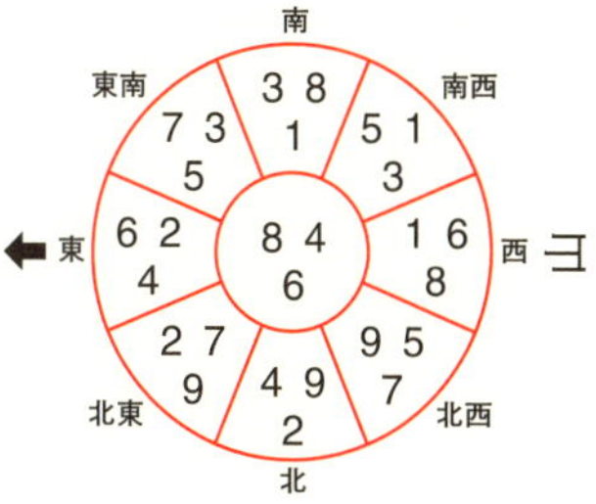

第7運（1984～2003年）

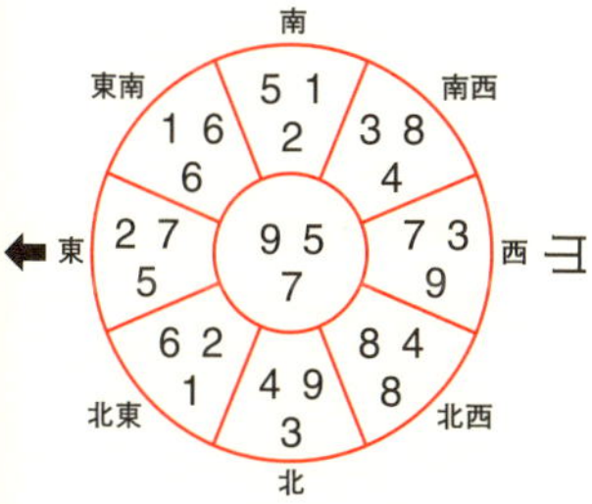

第8運（2004～2023年）

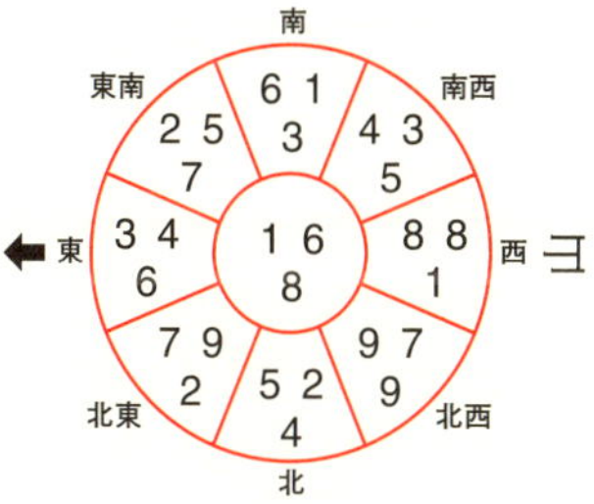

第9運（2024～2043年）

乙山辛向の飛星チャート

第1運（1864〜1883年）

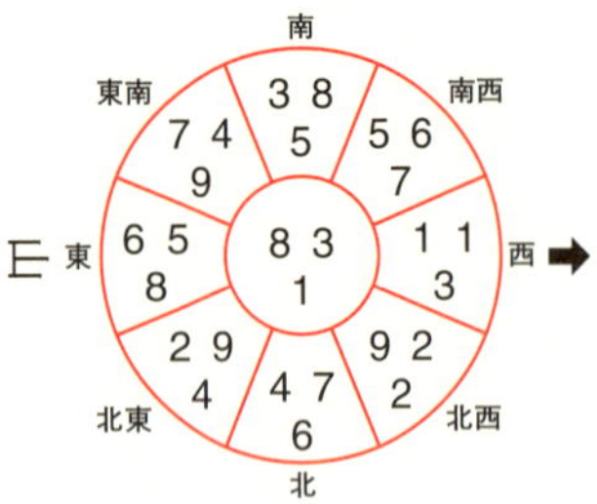

第2運（1884〜1903年）

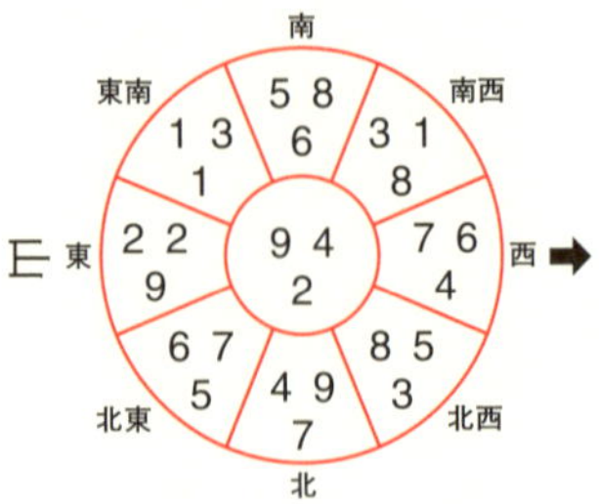

第3運（1904〜1923年）

第4運（1924〜1943年）

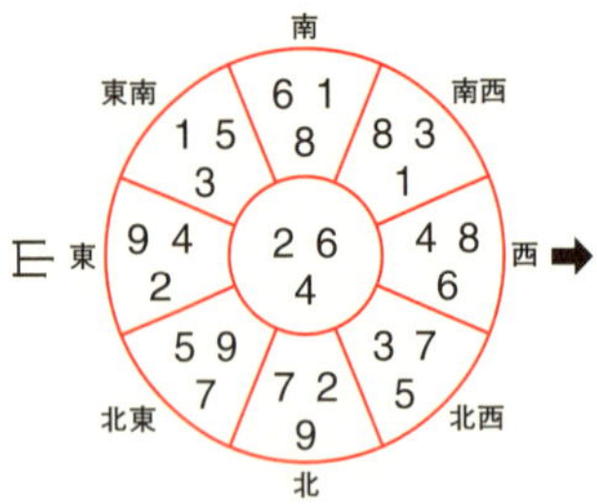

第5運（1944〜1963年）

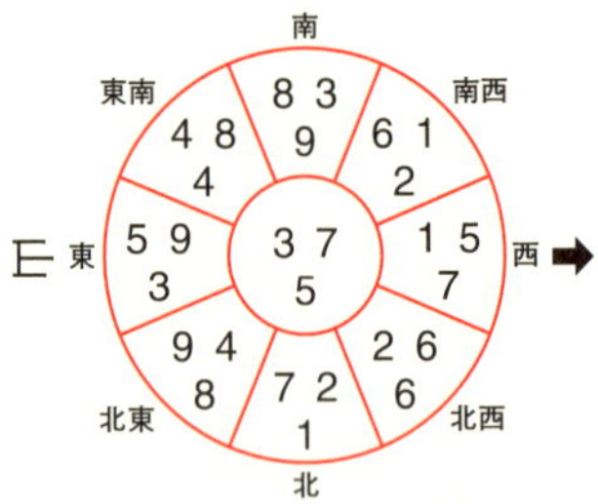

第6運（1964〜1983年）

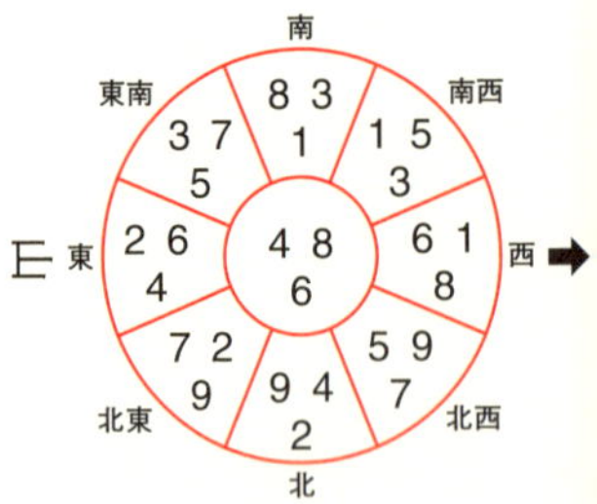

第7運（1984〜2003年）

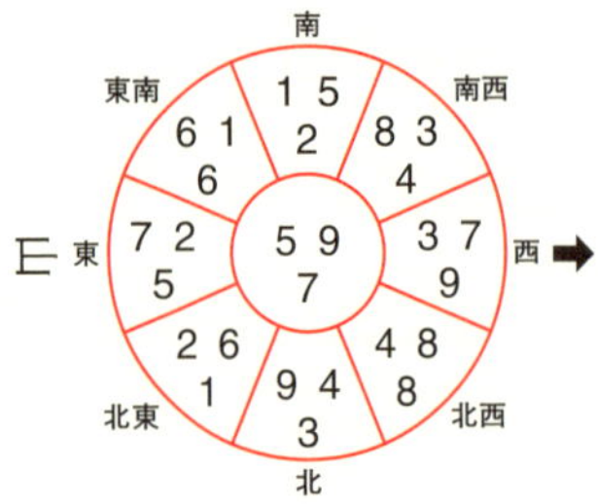

第8運（2004〜2023年）

第9運（2024〜2043年）

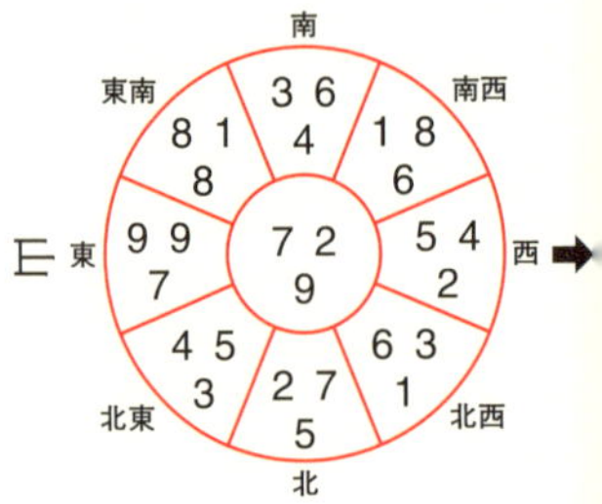

辛山乙向の飛星チャート

第1運（1864～1883年）

第2運（1884～1903年）

第3運（1904～1923年）

第4運（1924～1943年）

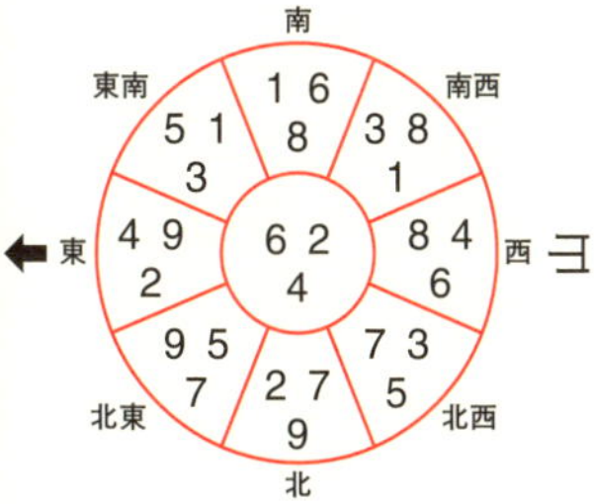

第5運（1944～1963年）

第6運（1964～1983年）

第7運（1984～2003年）

第8運（2004～2023年）

第9運（2024～2043年）

辰山戌向の飛星チャート

第1運（1864～1883年）

第2運（1884～1903年）

第3運（1904～1923年）

第4運（1924～1943年）

第5運（1944～1963年）

第6運（1964～1983年）

第7運（1984～2003年）

第8運（2004～2023年）

第9運（2024～2043年）

戊山辰向の飛星チャート

第1運（1864〜1883年）

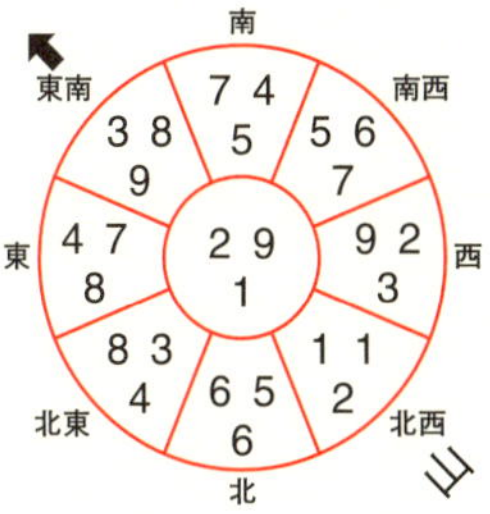

第2運（1884〜1903年）

第3運（1904〜1923年）

第4運（1924〜1943年）

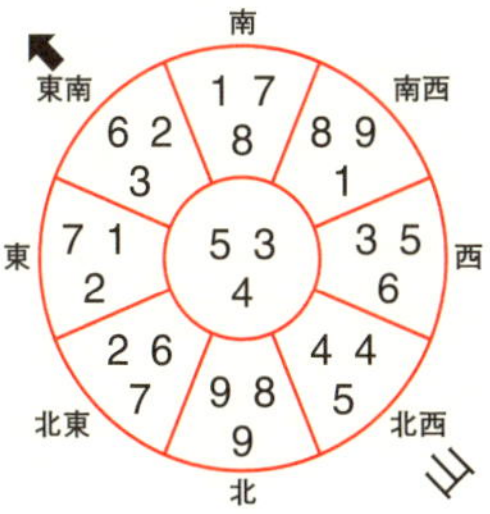

第5運（1944〜1963年）

第6運（1964〜1983年）

第7運（1984〜2003年）

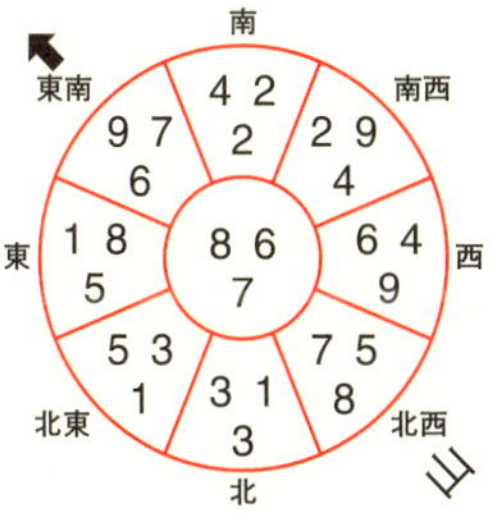

第8運（2004〜2023年）

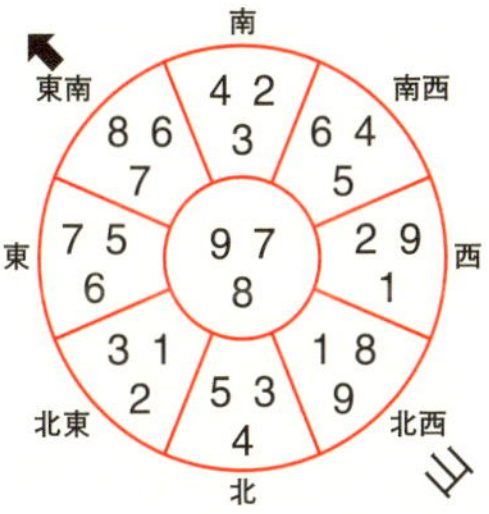

第9運（2024〜2043年）

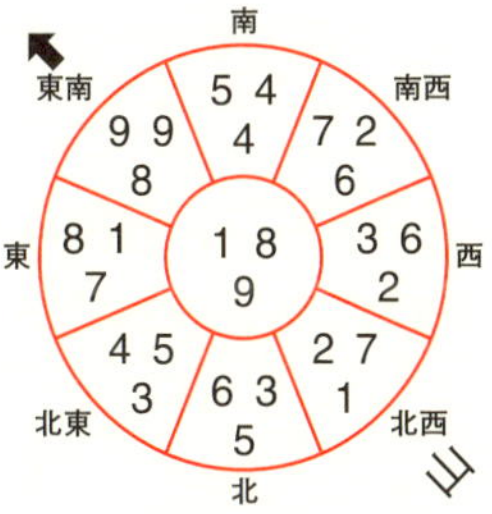

巽山乾向の飛星チャート

第1運(1864～1883年)

第2運(1884～1903年)

第3運(1904～1923年)

第4運(1924～1943年)

第5運(1944～1963年)

第6運(1964～1983年)

第7運(1984～2003年)

第8運(2004～2023年)

第9運(2024～2043年)

乾山巽向の飛星チャート

第1運（1864～1883年）

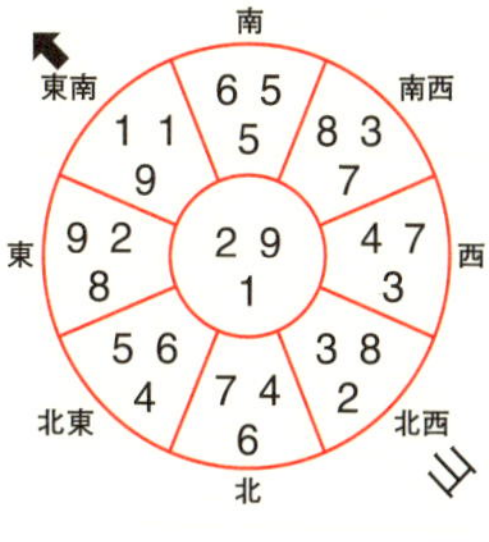

第2運（1884～1903年）

第3運（1904～1923年）

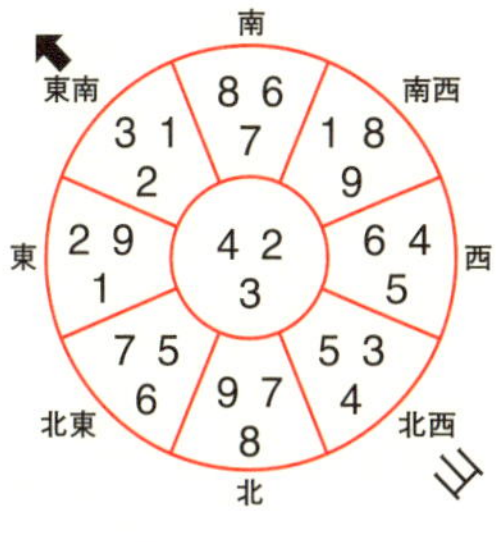

第4運（1924～1943年）

第5運（1944～1963年）

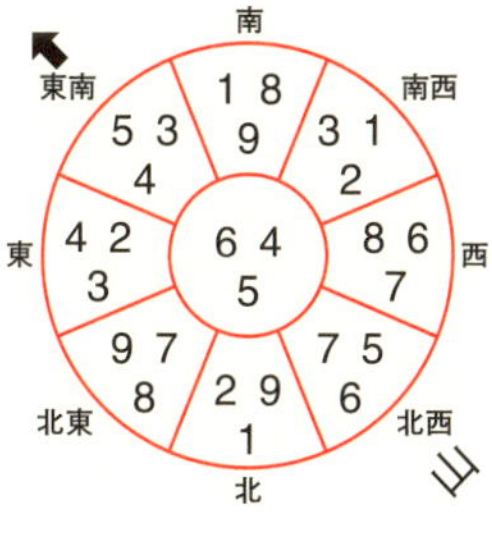

第6運（1964～1983年）

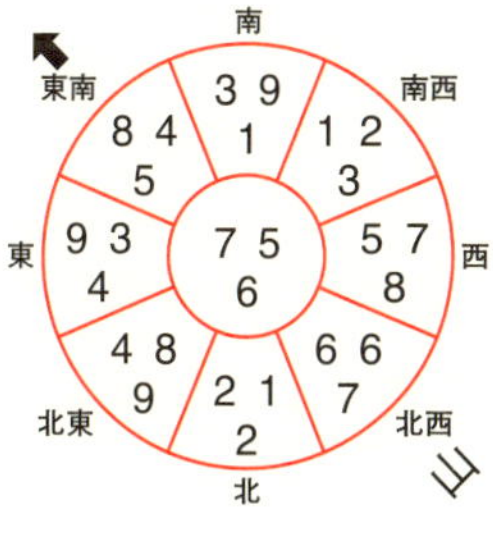

第7運（1984～2003年）

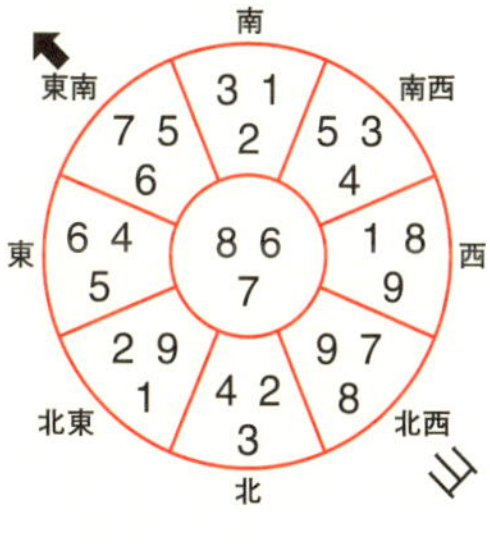

第8運（2004～2023年）

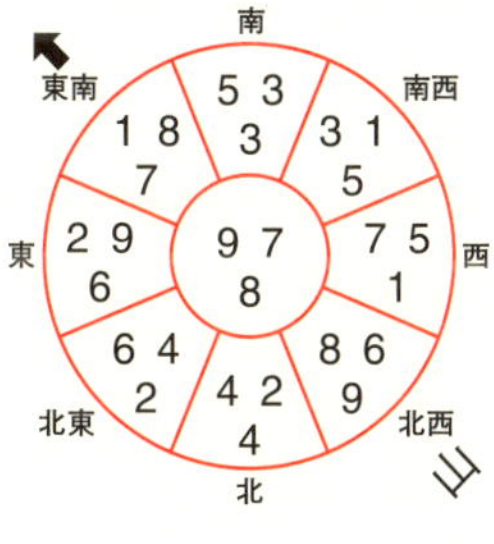

第9運（2024～2043年）

巳山亥向の飛星チャート

第1運（1864〜1883年）

第2運（1884〜1903年）

第3運（1904〜1923年）

第4運（1924〜1943年）

第5運（1944〜1963年）

第6運（1964〜1983年）

第7運（1984〜2003年）

第8運（2004〜2023年）

第9運（2024〜2043年）

亥山巳向の飛星チャート

第1運（1864～1883年）

第2運（1884～1903年）

第3運（1904～1923年）

第4運（1924～1943年）

第5運（1944～1963年）

第6運（1964～1983年）

第7運（1984～2003年）

第8運（2004～2023年）

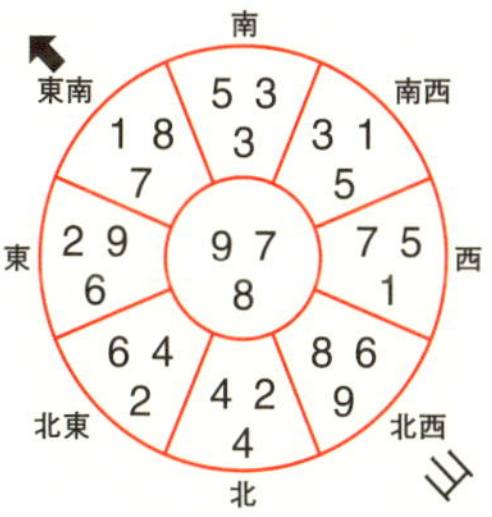

第9運（2024～2043年）

丙山壬向の飛星チャート

第1運（1864～1883年）

第2運（1884～1903年）

第3運（1904～1923年）

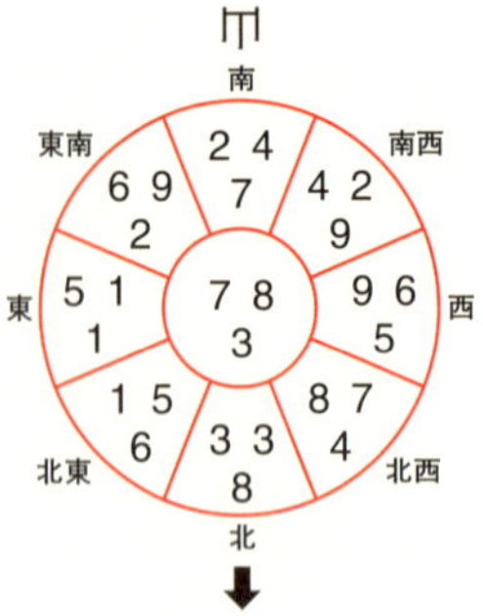

第4運（1924～1943年）

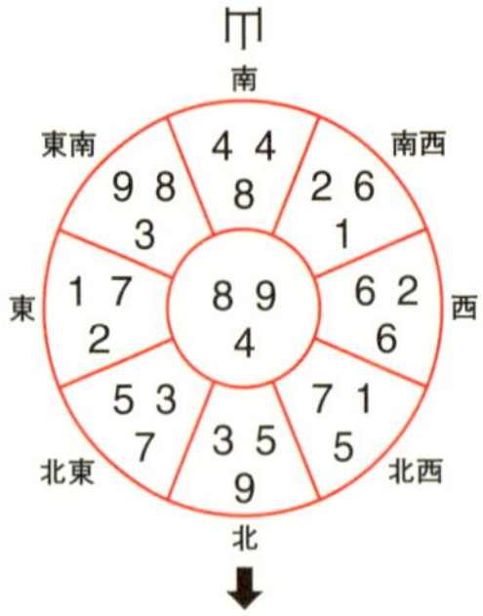

第5運（1944～1963年）

第6運（1964～1983年）

第7運（1984～2003年）

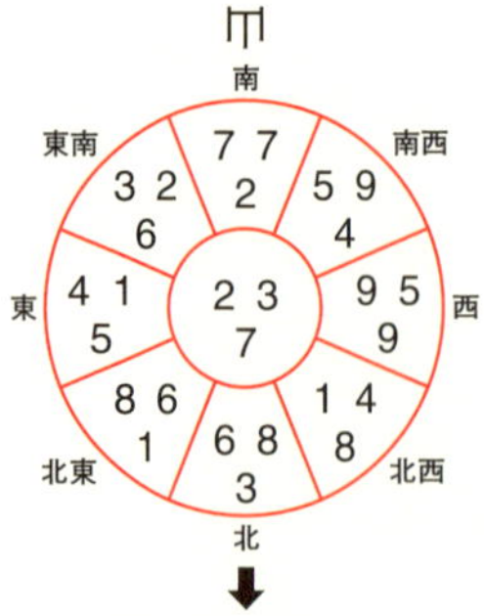

第8運（2004～2023年）

第9運（2024～2043年）

壬山丙向の飛星チャート

第1運(1864~1883年)

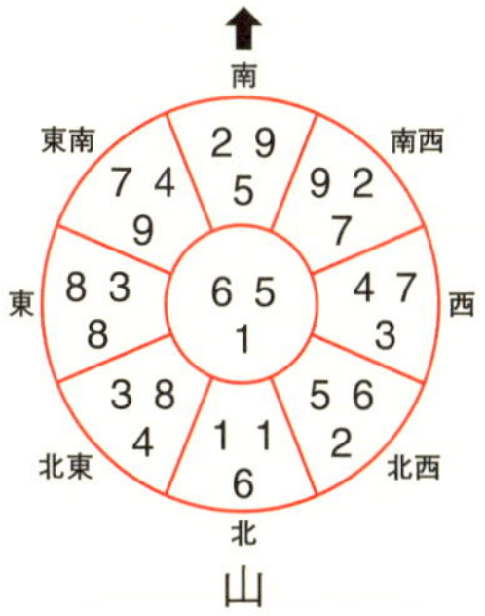

第2運(1884~1903年)

第3運(1904~1923年)

第4運(1924~1943年)

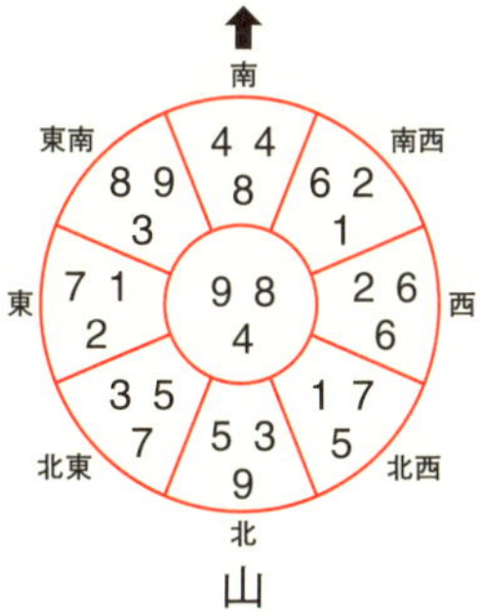

第5運(1944~1963年)

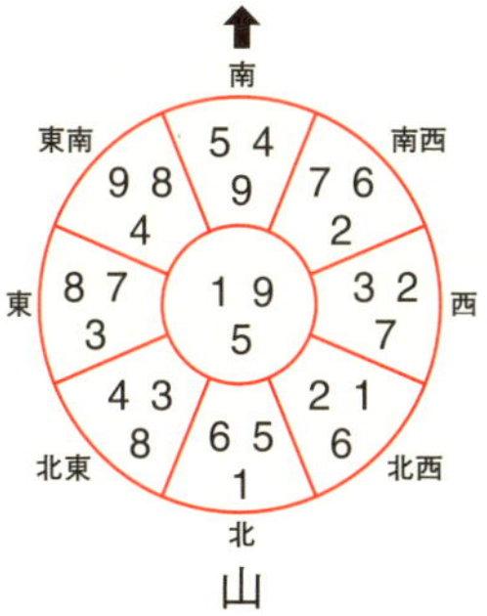

第6運(1964~1983年)

第7運(1984~2003年)

第8運(2004~2023年)

第9運(2024~2043年)

◎著者プロフィール◎

福田《ふくだ》英嗣《えいじ》

1974年生まれ。東京工業大学工学部化学工学科卒業。群馬県出身。
自宅の改築を機に風水家相を研究していたところ、縁あって香港出身の華僑より、理気派風水の最高峰であるフライング・スター風水術（玄空飛星派風水）の伝授の機会に恵まれる。以後、実践と検証を重ねてその効果と的中率を確信し、自身のビジネスやクライアントのオフィス・レストラン・工場などあらゆる分野に活用して高い評価を得たことから、本格的に風水コンサルティングを開始する。
現在もコンサルティング活動の傍ら、正統な風水術を伝える老師たちから各派の風水技法や東洋占星術を学び、実践的研究を続けている。

ウェブサイト　http://www.flyingstar168.com/
ブログ　http://ameblo.jp/edward999/

人生《じんせい》が劇的《げきてき》に変《か》わる実践《じっせん》香港《ほんこん》風水《ふうすい》
フライング・スター風水術《ふうすいじゅつ》

平成24年４月１日初　刷発行
平成28年２月22日第４刷発行

著者名　福田《ふくだ》英嗣《えいじ》
発行者　麻生真澄
発行所　明窓出版株式会社
〒164-0012　東京都中野区本町6-27-13
電話　03（3380）8303　FAX　03（3380）6424
振替　00160 - 1 - 192766
ホームページ http://meisou.com

印刷所　中央精版印刷株式会社

落丁・乱丁はお取り替えいたします。
定価はカバーに表示してあります。

神聖ゲマトリアン・タロット

古代ヘブライ文字による魔法の象徴カード展開法

斎藤悠貴

古代ヘブライ文字の神秘的象徴を、独特な手法で自己実現を助けるカード占いにしました。「ロゴス・カード」による自己鍛錬法や占い法を用いることで、タロットカード以上に洞察力と霊感を引き出せるでしょう。

西洋の名前占いの思想的起源をたどっていくと、古代ユダヤ人の宗教言語でもあった「ヘブライ語アルファベット」に行き着きます。とくに、古い言語のアルファベットには、それぞれに対応する数字と象徴があり、そのことから古代の人々はこうした、いわば「神聖アルファベット」を使って、占いをしていたことが考えられます。

よく知られている２２枚のタロットカード（大アルカナ）にも、それぞれに象徴や数値が描かれています。 本書では、古代ヘブライ語のアルファベットに秘められた象徴を忠実に表現して作った「ロゴス・カード」による自己鍛錬法や占い法を提案しています。

これをもちいることでも、従来のタロットカードと同じように洞察力と霊感（インスピレーション）を引き出していくことができるでしょう。象徴的なカードをうまく使いこなしていくことは、自己実現や精神修養にもつながるのです。

(別売のロゴスカードも用意されています)

本体1500円

ヒンドゥー数霊術

ハリシュ・ジョハーリ著　大蔵悠訳

古代インド4000年の実践的叡知。ヒンドゥー数霊術がここにあかされる。生まれ日から運命を解読する技法としては、ヒンドゥー数霊術の右に出るものはない。性格はもちろんのこと、人間関係、恋愛、結婚、健康などが恐るべき正確さで算定される。これまで日本にほとんど知られることなく神秘のベールにつつまれていた古代インドの秘法「ヒンドゥー数霊術」をここに初公開。

数霊術とは「数」を使って人間の本質を探究する運命学の一つです。とても学びやすく、しかも一度この数霊術に習熟すれば、生年月日や名前などに現れる数を使って、驚くほど的確に自分の性格や他人の性格、相性、運命的傾向といったものを判断することができるようになります。数霊術を使って人を判断する場合に大切なことは、まずエゴをなくすことです。その上で相手のパーソナリティーに意識を集中させます。数霊術を学ぶ人は、直観力が健全に働くよう、心を静め、自分を無にすることを学ばなければなりません。数霊術を習得していくうちに、忍耐力や持続力、集中力が養われることでしょう。また経験が、本に書いてある以上のことを教えてくれるはずです。

本体1457円

風水国家百年の計

光悠白峰

風水学の原点とは、観光なり。

観光は、その土地に住んでいる人々が自分の地域を誇り、その姿に、外から 来た人々が憧れる、つまり、「誇り」と「あこがれ」が環流するエネルギーが、地域を活性化するところに原点があります。風水学とは、地域活性化の要の役割があり、そして地球環境を変える働きもあります。(観光とは、光を観ること)

2012年以降、地球人類すべてが光を観る時代が訪れます。

◎ 風水国家百年の計

国家鎮護、風水国防論／万世一系ＸＹ理論／徳川四百年、江戸の限界と臨界。皇室は京都に遷都された／大地震とは宏観現象、太陽フレアと月の磁力／人口現象とマッカーサー支配、五千万人と１５パーセント／青少年犯罪と自殺者、共時性の変成磁場か？／気脈で起きる人工地震、大型台風とハリケーン／６６６の波動と、色彩填補意思時録、ハーブ現象とコンピューター／風水学からみた日本崩壊？

◎ 宇宙創造主 VS 地球霊王の密約（ＯＫ牧場）

地球人を管理する「宇宙存在」／「クオンタム・ワン」システムと繋がる６６６／変容をうながす、電脳社会／近未来のアセンションに向けて作られたエネルギーシステム／炭素系から珪素系へ——光り輝く存在とは（他重要情報多数）

本体952円

★フライング・スター風水・羅盤★

（切り取ってご使用ください）

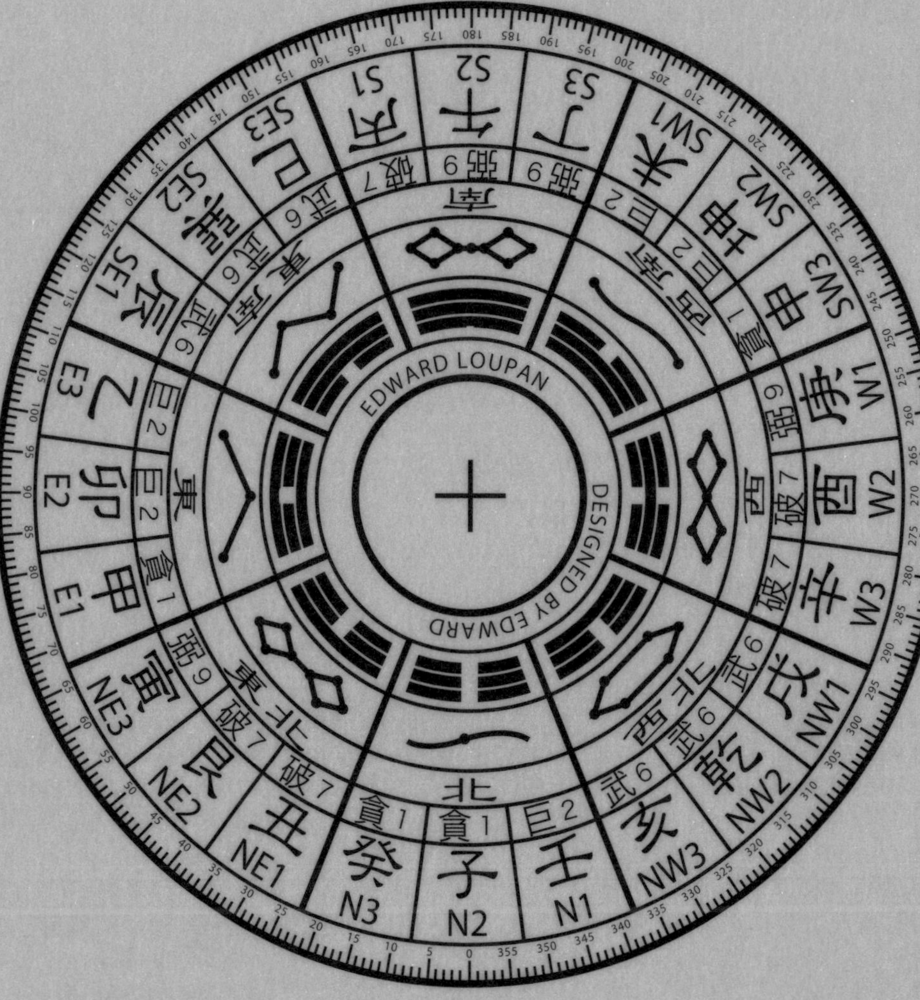

★フライング・スター風水・羅盤★

(切り取ってご使用ください)

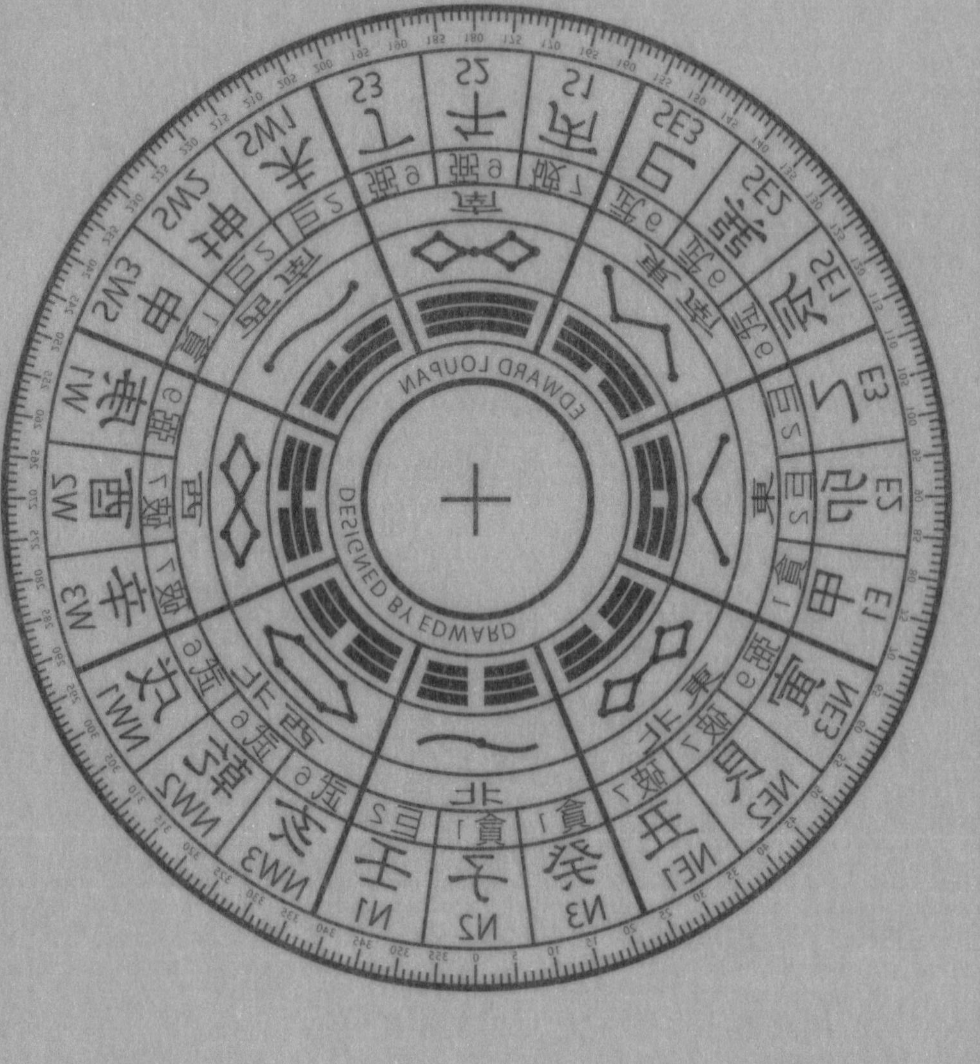